Vert

CONFÉRENCES
HISTORIQUES, DOGMATIQUES, MORALES & LITURGIQUES
MISES A LA PORTÉE DE LA JEUNESSE
Et en rapport avec les exigences de l'époque

Par M. l'abbé MOUSSARD

Aumônier du Sacré-Cœur, ancien professeur d'Écriture sainte au gr. séminaire
3 vol. in-18 jésus................. 10 fr. 50

VIE DE M. L'ABBÉ BERNARD
VICAIRE GÉNÉRAL DE CAMBRAI
PAR LE MARQUIS DE SÉGUR

1 fort volume in-18 jésus, orné d'un portrait.............. 3 fr.

Voici la conclusion de l'article que M. Advénier a consacré à cet
ouvrage dans la *Bibliographie Catholique* du mois de décembre dernier :

« Voilà un court et très imparfait résumé du beau livre de Mr de Ségur :
il a bien parlé de son parent, il en a parlé en connaissance de cause,
mettant au service de cette sainte mémoire tout son talent et toute son
âme ; tous le liront avec édification : les prêtres y trouveront un modèle
de vie sacerdotale, les laïques y verront des vertus tout ensemble admi-
rables et praticables, les parents, les amis et tous ceux à qui sa biographie aura fait connaître Monsieur Bernard y puiseront un sujet de
consolation et d'espérance. Trop souvent, on est tenté de désespérer du
monde, mais de tels exemples, une telle vie rassurent : il se trouve des
justes dans Sodome, et enfin apaisé par leurs prières, le ciel se laissera
encore fléchir. »

LE DIRECTEUR DES CATÉCHISMES
DE PREMIÈRE COMMUNION ET DE PERSÉVÉRANCE
Par l'abbé TURCAN
Vicaire général de Monseigneur et Supérieur du grand Séminaire de Séez

NOUVELLE ÉDITION REVUE ET AUGMENTÉE

3 vol. in-18 jésus...................... 12 fr..

LE PETIT DIRECTEUR DES CATÉCHISMES
PAR M. L'ABBÉ TURCAN
Vicaire général et Supérieur du grand Séminaire de Séez

1 vol. in-18 jésus.

Cet ouvrage n'est qu'un abrégé du précédent.

L'auteur l'a composé pour les pères et les mères qui ne veulent pas
que leurs enfants soient élevés sans principes et sans foi ; pour les reli-
gieux et les religieuses qui se vouent à l'enseignement primaire ; pour les
catéchistes volontaires, qui se lèvent de toutes parts afin de venir en aide
au clergé ; enfin pour tous les fidèles qui s'occupent de l'instruction reli-
gieuse des enfants.

3025. — Abbeville. — Typ. et stér. A. Retaux.

FRANÇOIS DUPLEIX

DUPLEIX.

BIBLIOTHÈQUE
DES
LECTURES INTÉRESSANTES.

Édouard PETIT

Professeur au Lycée de Nîmes

FRANÇOIS DUPLEIX

DEUXIÈME ÉDITION

Avec gravures dans le texte

LIBRAIRIE GÉNÉRALE DE VULGARISATION

A. DEGORCE-CADOT

PARIS, 9, RUE DE VERNEUIL, 9

INTRODUCTION

La France, qui se désintéressait naguère des questions coloniales, semble, à l'heure actuelle, en avoir recouvré le souci. A mesure que le continent échappe à sa vieille influence, à mesure que ses habitants trouvent des ressources de plus en plus restreintes sur le sol épuisé par une longue culture et désolé par de terribles fléaux, surtout dans le Midi, elle comprend qu'il lui faut aller au-delà des mers et qu'il est nécessaire d'essaimer des colonies sur des plages lointaines. Aussi, de tous côtés, les

1

explorateurs cherchent–ils à ouvrir des voies nouvelles au commerce et à l'influence de nos nationaux. Depuis quelques années, ils marchent sans cesse en avant, emportés par une ardeur fiévreuse. En Amérique, les bassins de l'Amazone, de l'Oyapock et du Rio-Magdaléna sont parcourus par l'infortuné Crevaux ; l'isthme de Panama sera percé par le « Grand Français » qui sait « mettre l'eau dans le désert ». En Afrique, à l'Algérie explorée jusqu'à ses extrêmes limites est venue s'ajouter la Tunisie ; le Sénégal, depuis l'administration du général Faidherbe, ne fait que prospérer, et bientôt les riverains de son fleuve pourront communiquer par chemin de fer avec les peuplades du Niger. L'activité française se déploie surtout dans la partie occidentale du continent mystérieux. Ici, Zweifel et Moustiers découvrent les trois collines d'où sort la tête de la grande eau : le Niger. Là, Savorgnan de Brazza suit le cours de l'Ogowé et sur le Congo fonde une station commerciale. En Asie, le drapeau français couvre de sa protection la Cochinchine et flotte, depuis la reprise d'Hanoï par le commandant-romancier, Henri Rivière, sur la capitale du Tong-King.

Le mouvement est imprimé, particuliers et employés de l'État luttent d'efforts et de courage pour fonder au loin de petites Frances unies à la grande par les intérêts et aussi par la reconnaissance. L'on commence à rendre pleine justice à ces héros qui sacrifient, pour agrandir leur patrie, fortune, jeunesse et santé; on acclame leur retour ; on les honore par de hautes récompenses ; mais l'on ne paraît guère se douter qu'il y ait eu des ouvriers de la première heure : ceux-là sont oubliés ou méconnus. Dans nos histoires, l'on ne fait guère que citer leurs noms, et l'on passe, sans consacrer une soigneuse étude à des Français qui ont pourtant rendu à leur pays d'aussi éclatants services que les généraux et les ministres que l'on exalte à grands cris.

Quel homme a aussi bien mérité de ses concitoyens que Dupleix? Et, cependant, il a souffert de l'injustice de ses contemporains, et c'est de nos jours à peine que la postérité reconnaît la grandeur de son entreprise. Encore n'est-ce pas la France qui, la première, s'est occupée de relever son ancien serviteur d'un odieux décri; c'est l'Angleterre, dont il avait été le plus opiniâtre adversaire. Les Anglais, qui possèdent les Indes et qui jadis ont eu affaire à Dupleix, savent apprécier son caractère et la hauteur de ses vues. Ils reconnaissent que, si le gouvernement de Louis XV n'avait pas été plongé dans une incurable inertie, un monde nouveau serait devenu l'apanage de la France, grâce au génie d'un de ses enfants. Qu'a fait le major Malleson, de l'armée du Bengale, dans sa magnifique « *Hystory of the French in India* », sinon payer un légitime et loyal tribut d'éloges à l'homme qui a failli fonder dans l'Hindoustan un immense empire, prolongement de la France au-delà des terres et des mers orientales? C'est tout dernièrement que Dupleix a trouvé chez nous deux biographes, MM. Bianne et Hamont. Leurs ouvrages respirent un égal enthousiasme pour leur héros. M. Octave Sachot, dans le livre qu'il a consacré aux Français dans l'Inde, a parlé aussi avec éloge de Dupleix. Il a utilisé les travaux des Anglais et, à plusieurs reprises, nous avons profité de son abondante érudition.

Un brusque et heureux revirement se pro— duit, semble-t-il, dans l'opinion publique. A Landrecies, un comité s'est constitué pour dresser à Dupleix une statue dans sa ville na— tale. A Paris, M. Henri Martin présidait hier en— core un autre comité. Notre grand historien a, l'un des premiers, réclamé pour le rival de La Bourdonnais « un monument dans cette patrie qu'il avait voulu doter d'un monde. »

L'heure est donc venue de réhabiliter une gloire nationale jadis livrée à l'outrage et à l'a— bandon. Nous n'apportons qu'une petite pierre à l'édifice commun; nous essayons simplement, sans tenter une œuvre originale, de mettre à la portée de la jeunesse des travaux que leur importance et leur prix éloignent des bibliothèques d'adolescents. Nous tentons de réaliser, pour notre faible part, un des projets les plus longtemps caressés par l'Éditeur : instruire les écoliers en les intéressant aux sciences ou à l'histoire. Nous désirons qu'ils trouvent quelque plaisir à graver dans leur mémoire la leçon par l'anecdote, le fait et l'idée présentés sous une forme assez simple pour ne pas les rebuter.

FRANÇOIS DUPLEIX

CHAPITRE I

Naissance de Dupleix. — Sa jeunesse jusqu'à son arrivée dans l'Inde. — Circonstances historiques au milieu desquelles s'écoulèrent ses premières années.

Au milieu de notre siècle seulement, on a connu la date et le lieu de la naissance de Dupleix. Voici l'acte relevé sur les registres de la paroisse Saint-Pierre et Saint-Paul, à Landrecies : Le 1er de janvier de l'an 1697, a été baptisé un fils du légitime mariage de François Dupleix et de demoiselle Anne-Louise de Massac, lequel a été nommé Joseph François. Le parrain, M. François-Joseph

Salmure, pour et au nom de M. Joseph Légendre escuyer, seigneur d'Arming, intéressé dans les Fermes Générales de Sa Majesté, général des Poudres et Salpêtres. La marraine, demoiselle Claude-Jeanne de Massac. »

Des siéges illustrés par les noms de François Ier, de Charles-Quint, de Turenne et du prince Eugène ennoblissent la vieille forteresse du Hainaut Français, mais la naissance de Dupleix éclipse tant de brillants souvenirs.

La mère de Dupleix appartenait à une famille flamande; son père, envoyé comme Fermier Général à Landrecies, était originaire du Poitou. Dupleix, dès sa jeunesse, fit preuve d'un caractère aventureux et prodigue. Ses excentricités ne laissaient pas de heurter les goûts paternels, qui ne ressemblaient en rien aux idées de François. De continuels désaccords régnaient au foyer domestique entre le financier et son entêtée progéniture. Le Fermier-Général avait une parcimonie qui confinait à l'avarice : aussi

réglait-il avec une scrupuleuse économie les dé-
penses de son héritier, qui se révoltait sans
cesse contre les rigueurs du contrôle paternel.
Ce n'est pas que l'intelligence de Dupleix répu-
gnât à l'instruction qu'on lui donnait. Il s'habi-
tua, dès le début, dans les bureaux, à considérer
le côté pratique des choses. Il aima l'arithmé-
tique, apprit à résoudre les plus difficiles pro-
blèmes de mathématiques et ne cessa de fré-
quenter les hommes de science, avide de puiser
mille connaissances dans leur conversation. Mais
il mêlait à toute cette sagesse solide beaucoup
de poésie, un grand amour de l'idéal, le culte
passionné du beau, et de là venaient les fureurs
de son père. A quoi pourrait jamais lui servir
son goût pour la musique ? A quoi bon s'enfer-
mer des heures entières pour composer des
symphonies ? Il allait peut-être verser dans l'or-
nière artistique. Quelle honte pour une famille
de financiers !

On résolut de couper court à ces fantaisies et

l'on prit le grand moyen, celui dont on use encore de nos jours : on embarqua Dupleix. L'a-
mour des voyages devait naître dans le cœur du
jeune homme ; il avait dix-sept ans. La France
doit remercier le père de Dupleix de ses sévéri-
tés : elles lui valurent un grand homme. C'est sur
un bâteau de la Compagnie des Indes Orientales,
en partance à Saint-Malo, que Dupleix quitta sa
patrie. Il fit alors plusieurs voyages en Amérique
et aux Grandes-Indes. Quand il fut de retour, il
eut la nostalgie de la mer et des lointaines aven-
tures : il avait trouvé sa voie. Son père était un
des directeurs de la Compagnie des Indes ; il fit
en 1720, nommer son fils « commissaire des
guerres et membre du Conseil supérieur à Pondichéry. » En 1721, à l'âge de 24 ans, François
débarquait dans l'Indoustan dont pendant plus
de trente années il s'efforça de doter la France !

Si ses titres portaient un nom sonore, ils
étaient, dans le fond, extrêmement modestes.
Les émoluments du commissaire des guerres

étaient maigres. Il fallait avoir recours aux au-
mônes du riche fermier-général. Rien n'est plus
curieux que de comparer un instant, par la pensée, la pauvreté des débuts avec les splendeurs
que connut Dupleix au milieu de sa carrière. En
1721, le trousseau du futur conquérant est plus
que chétif. Encore le vieux financier recom-
mande-t-il, dans une lettre à un ami, de ne pas
acheter au nouveau fonctionnaire du linge fin,
mais seulement le strict nécessaire. Les belles
chemises sont inutiles en mer !... Quelques
années plus tard, Dupleix, grâce à son énergique honnêteté et à son génie colonial, éblouis-
sait ses compatriotes de ses richesses.

Au moment où Dupleix débarquait dans sa ré-
sidence, la France donnait tous ses soins à la
prospérité des colonies. L'on était en plein sys-
tème de Law. L'audacieux Ecossais avait com-
pris quel appui pouvaient lui prêter les établissements fondés au dehors. Il promettait de
merveilleux bénéfices aux capitalistes qui se

risquaient à lui acheter des actions du Missis-
sipi ; il avait pu faire rendre, en 1719, une
Ordonnance royale réunissant la Compagnie du
Midi à la Compagnie des Indes Orientales et du
Sénégal. Il savait que tout ce qui est loin, par son
éloignement même, séduit les imaginations, surtout les imaginations françaises, et mille bruits
répandus par ses agents couraient dans le public
sur les prodigieuses richesses que devait rap-
porter l'entreprise. Aussi, bourgeois et nobles,
pleins d'engoûment, affluèrent-ils à la rue Quin-
campoix, pour se rendre acquéreurs des fameuses
actions. C'était une folie de spéculation ; chacun courait aux bureaux de l'inventeur du
Crédit, croyant courir à la curée. L'illusion ne
dura pas longtemps. D'adroits personnages
surent habilement tirer les premiers leur épingle
du jeu, réalisèrent billets et actions ; on s'é-
touffa à la porte du contrôleur des Finances pour
rentrer dans ses fonds. L'avant-garde des récla-
mateurs fut payée ; le reste de l'armée s'en re-

MODE DE VOYAGER DANS L'INDE AVEC ESCORTE.

vint sans argent, mais bien pourvu d'inutiles papiers.

La réaction, qui éclatait au dedans du royaume, eut son contre-coup au dehors. Les colonies furent rendues responsables des exagérations et des erreurs de Law. On leur tint rigueur des pertes subies, et on les délaissa systématiquement.

D'autres causes encore devaient influer sur l'avenir de nos possessions coloniales et, par conséquent, de Dupleix, qui lia sa destinée au sort de l'Indépendant la première moitié du xviiie siècle. Aux raisons économiques se joignent les motifs politiques. Selon la ligne de conduite que Louis XV suivra dans ses rapports avec l'Angleterre, nos colonies, et en particulier l'Indoustan, s'accroîtront en étendue et en influence, ou bien tomberont en pleine décadence. Au début, quand Dupleix prend possession de son poste, la France et l'Angleterre viennent de sceller une intime alliance. Leur amitié espère régler toutes les affaires de l'Europe, trancher tous les différends, apaiser toutes les haines suscitées par le remaniement territorial opéré en 1714. Elle y parvient d'abord, sous le ministère de Dubois et pendant la vie du cardinal Fleury. Mais, peu à peu, les deux alliés se refroidissent ; leurs rapports se tendent ; aux bons procédés succède une politique réservée, puis éclate la guerre ouverte. Pendant que les liens de la France et de l'Angleterre se relâchent, Dupleix commence son œuvre. Il l'aurait achevée si les hostilités n'eussent pas éclaté en 1740 à propos de la succession d'Autriche, où les armées anglaises et autrichiennes se prêtèrent la main contre Louis XV.

La première partie de son rôle est finie ; la la seconde s'ouvre. Pendant que la guerre est déchaînée en Europe, Dupleix défend pied à pied sa conquête, triomphe des troupes envoyées contre lui, et même étend les possessions de sa patrie à la faveur du conflit.

L'année 1748 met fin aux batailles sur le continent européen ; mais Anglais et Français n'ont
fait la paix que de nom. Une rage sourde les
sépare ; la diplomatie a décidé que les armes
seraient déposées de part et d'autre, mais la
haine l'emporte et, aux colonies, la lutte se
poursuit entre les anciens belligérants. Comme
dans l'Amérique du Nord, aux Indes les deux
nations rivalisent d'habileté et de courage pour
l'emporter. C'est le moment où apparaît dans
tout son éclat le génie de Dupleix. C'est la troisième partie de son rôle et la plus belle époque
de sa vie. Sans doute sa tactique, son ardeur,
sa vivace opiniâtreté auraient été couronnées
de succès si la France n'avait eu à sa tête un
souverain qui aimait « à faire la paix en roi »,
qui abandonnait ses plus fidèles sujets pour peu
qu'ils soutinssent au dehors les intérêts français,
et qui n'appuyait vraiment que les pourvoyeurs
de ses honteuses débauches. Dupleix fut alors
arrêté dans son œuvre par un ordre de rappel·

Les événements qui se déroulaient en Europe, une guerre imminente avec l'Angleterre exigeaient qu'on fît des concessions à nouveau : la première et la plus grande fut le désaveu de la conduite patriotique suivie par Dupleix aux Indes.

CHAPITRE II

Coup d'œil sur la géographie physique de l'Inde. — État de l'Inde au moment où Dupleix y arrive.

« L'Inde ! Il y a dans ce mot quelque chose
« de grand et de vénérable, de vague et de mys-
« térieux, même après tant de siècles ! L'Inde,
« la plus ancienne partie civilisée de l'ancien
« monde, le berceau des croyances religieuses,
« qui, dans leur unité, leur simplicité et leur
« grandeur primitives, semblent avoir embrassé,
« comme une vaste formule, tous les cultes,
« qui depuis se sont partagé les peuples : l'Inde,

« le théâtre des événements historiques les plus
« inattendus, les plus grands, les plus merveil-
« leux : l'Inde qu'ont visitée tour à tour les
« dieux, les héros, les philosophes, les hommes
« avides de science et les spéculateurs les plus
« hardis dans tous les siècles: l'Inde, dont Se-
« sostris, Darius, Alexandre, Tchinguis-Khan,
« Timour, Baber, Nader-Shâh, Napoléon ont
« tenté ou achevé en partie la conquête: l'Inde
« enfin, dont la Providence, un instant indécise
« en notre faveur, semble avoir confié désor-
« mais les destinées à l'Angleterre ! ». C'est par
cette belle exclamation que s'ouvre le magnifique volume que MM. de Jancigny et Xavier Raymond ont consacré à la description et à l'histoire
de l'Inde. Et cet élan d'enthousiasme, l'Inde le
justifie par l'exubérante richesse de son territoire, par l'énorme population qu'elle contient,
— 250 millions d'individus d'après le recense-
ment de 1872, — par l'antiquité de sa civilisation en plein progrès quand les autres contrées

sortaient à peine de l'enfance, par l'influence qu'elle a exercée sur les destinées du genre humain.

Il est impossible de ne pas s'attrister quand on pense à la richesse et à la force que nous eût données l'Inde si le gouvernement français ne s'était pas follement dessaisi, au XVIIIe siècle, de son opulente conquête. Si l'Inde offrait à nos produits fabriqués le débouché qu'elle ouvre de nos jours aux Anglais, l'industrie de nos manufactures aurait pris, elle aussi, une prodigieuse extension. Nous aurions des métiers autant que Manchester, autant de forges que Birmingham. Quelle ne serait pas aussi l'importance de nos importations! L'Inde ne donne-t-elle pas en abondance tous les produits des pays chauds ? Le riz pousse partout où l'humidité du terrain en permet la culture. Le cocotier, le bananier, l'aréquier, dont la noix fournit le béthel, le bambou viennent admirablement dans l'Inde. La canne à sucre, l'opium, le thé et le café s'y rencon-

trent en abondance. Le coton fait la fortune du
Dékan depuis la fameuse crise provoquée sur
les marchés européens par la guerre de séces-
sion en Amérique. L'art et l'industrie indigènes
florissent encore, malgré la concurrence anglaise : chacun connaît leurs riches étoffes, où
les vives couleurs se marient harmonieusement,
leurs schalls splendides, produits par le travail
de trois générations, leurs armes si bien trem-
pées, si artistiquement ouvragées, leurs meu-
bles de luxe aux contours gracieux, où se jouent
les dessins les plus fantaisistes et les plus capri-
cieux. Qui n'admire aussi la vaisselle d'or et
d'argent que fondent Lucknow et Cachemire,
l'ivoire et le bois que sculpte Bénarès, les bijoux
qu'émaillent les joailliers de Jeppore, les brace-
lets et les anneaux travaillés à Trichinapaly, les
tapis de Taujore, et les tissus de Golconde, et les
soieries d'Ahmed-Abad ? Énumérer tant de richesses, n'est-ce pas aussi nombrer les motifs de
nos regrets et de nos rancœurs ? Il y a je ne sais

quoi de douloureux à contempler avec étonnement la fortune qu'on a laissé échapper, à dresser l'inventaire des biens d'autrui et de ses propres pertes. Un sentiment d'amertume, que le
cœur ne peut réprimer, se mêle à l'admiration
et l'empreint de mélancolie.

Ce n'est, du reste, pas seulement au point de
vue économique que l'Inde rend d'inappréciables
services à ses maîtres, c'est plus encore au
point de vue stratégique. L'Inde occupe une
position privilégiée sur la carte ; elle est à mi-
chemin de Périm et d'Aden, et des possessions
océaniennes de l'Angleterre, au débouché du ca-
nal de Suez. Elle plonge par ses racines au cœur
du continent asiatique ; ses flancs et ses extré-
mités baignent dans l'Océan indien. La perte de
l'Inde frapperait de mort l'empire colonial de
nos voisins : de l'Inde on peut rapidement communiquer avec l'Australie ; de l'Inde on peut,
comme le fait s'est produit à l'heure actuelle,
expédier des troupes pour protéger le détroit

creusé par M. de Lesseps. Dès que la question
d'Orient se pose, la question de l'Inde la domine
pour l'Angleterre.

Divisée politiquement en quatre présidences,
celles de Calcutta, Agra, Bombay et Madras,
l'Inde se partage physiquement d'après la nature
même de sa colossale charpente, en deux sec-
tions bien tranchées : l'Inde continentale qui
s'étend dans la dépression gangétique, l'Inde
péninsulaire, que constitue le plateau du Dekan,
et qui va vers la mer s'amincissant sans cesse
au sud jusqu'à ce qu'elle se termine en pointe
comme les diverses contrées qui forment la partie méridionale des Amériques, comme l'extrémité de l'Afrique, comme les autres péninsules
ou presqu'îles asiatiques. Au nord de la masse
indoustanaise se dresse l'Himalaya, la barrière
la plus élevée du monde entier, où l'on compte
plus de 68 sommets dépassant 6,000 mètres. Au
pied des pics coulent trois grands fleuves : le
Brahmapoutre, le Gange et l'Indus ; au sud des

fleuves se déroulent des plaines desséchées par le soleil, des montagnes boisées : les monts Vindhyas. Après les monts s'élève le plateau triangulaire qui forme véritablement la péninsule indienne et dont l'altitude tempère l'ardeur du climat. A l'ouest et à l'est du triangle, sur les deux côtes qui aboutissent au sommet, courent des collines parallèles à la mer : les Gâts orientales et occidentales ; telle est, en quelques mots, la structure de l'Inde.

Dans une contrée aussi fertile, aussi bien arrosée, les villes abondent. Calcutta, la capitale, bâtie sur la rive gauche de l'Hougly, le bras le plus occidental du Gange, a un million d'habitants. Les palais y forment une avenue magnifique le long du fleuve. Le fort William, le meilleur arsenal de l'Angleterre dans l'Inde, défend la cité.

Les principales villes après Calcutta se rangent presque toutes le long des grandes artères fluviales qui traversent l'Inde continentale. On

remarque parmi elles Bombay (800,000 h.), sur
la côte occidentale, située dans l'ile de Salsette.
C'est le port le plus important, à cause de ses
relations avec l'Europe. Madras, qui a 427,000 habitants, est le port le plus considérable de la
la côte de Coramandel. Patna, Bénarès, la ville
sainte du brahmanisme, sont sur le Gange.
Delhi, l'ancienne capitale des Grands-Mogols,
baigne dans la Djemma. Les États indépen-
dants sont réduits à deux : le Népaul et le Bou-
tan, situés dans les hautes vallées de l'Himalaya.

En face des possessions anglaises, qui présentent une masse compacte et dont l'ensemble
comprend l'Inde entière, que sont les colonies
françaises ? Les débris qui nous restent repré-
sentent bien peu de chose. La France, depuis le
néfaste traité de Paris signé par Louis XV, n'est
pas plus puissante dans l'Inde que le jour où
Dupleix, plein d'espérance et d'audacieuse énergie, entra dans la péninsule et se mit à l'œuvre

pour l'arracher à l'influence anglaise. Qu'avons-nous conservé, en effet, après nos victoires ? Quel fruit nous est revenu de notre initiative et de nos succès ? Si nous avions subi des défaites, nous n'aurions certes pas été plus humiliés. Nos colonies dans l'Inde sont morcelées ; ce sont les membres épars d'un grand corps violemment séparés par une effroyable secousse. Les fractions de territoire sont disséminées çà et là, au hasard des événements, isolées, sans lien entre elles : souvenirs d'un beau rêve qui fut un instant la réalité !

La superficie totale de nos établissements est de 49,622 hectares.

Ce sont : (1)

1º Sur la côte de Coromandel : Pondichéry et un territoire composé des districts de Pondichéry, de Villenour et de Bahour; Karikal et les *maganoms* ou districts qui en dépendent ;

2º Sur la côte d'Orissa : Yanaon, son territoire

1. Document officiel.

et les *aldées* ou villages qui en dépendent ; la loge (1) de Mazulipatam ; 3º Sur la côte de Malabar: Mahé et son territoire; la loge de Calicut; 4º Au Bengale Chandernagor et son territoire, les loges de Cassuncazar, Jougdia, Dacca, Balassore et Patna ; — 5º Dans le Gandjerate, la factorerie de Surate.

Les circonstances historiques ont fait l'Inde de la sorte ; elles ont taillé aux Anglais la part du lion et ont réduit la France à s'incliner devant sa rivale. Mais en 1724, au début du rôle oué par Dupleix, quand Anglais et Français, luttant d'influence, ne possédaient que de faibles comptoirs dans la péninsule, les prévisions n'auraient pas penché vers le triomphe définitif de l'Angleterre, mais auraient plutôt annoncé le succès de la France. L'Inde, depuis longtemps, était l'objet des convoitises européennes. Né-

1. Le nom de loge était autrefois donné à bes étadli sements isolés comprenant une maison avec un terrain adjacent où la France avait le droit de faire flotter son pavillon et de former des comptoirs.

gociants, marins et soldats y accouraient, depuis le seizième siècle, pour y fonder des postes fortifiés et des factoreries. Les Portugais et les Hollandais avaient pris les devants, et la terre serait devenue la proie des premiers occupants s'ils n'avaient eu bientôt à compter avec de dangereux compétiteurs, les Anglais.

A la fin de son règne, illustré par les découvertes et les exploits de la marine anglaise, par les noms de Drake, qui fit le tour du monde, de Raleigh, qui découvrit la Virginie, la grande Élisabeth fonda, en l'année 1600, la Compagnie des Indes Orientales. Elle devait durer 15 ans, d'après ses statuts : elle dura plus de deux siècles, grandissant sans cesse en forces et en richesses. Il lui fallut tout le dix-septième siècle pour dompter la jalousie des Portugais et des Hollandais, qui lui fermaient obstinément la route vers l'Indoustan et la Malaisie. En 1623, les Hollandais exterminent ses colons dans l'île d'Amboine ; plus tard ils les expulsent de Ban-

LA BOURDONNAIS.

tam. En 1611, la Compagnie Anglaise fonde les comptoirs de Surate ; en 1624, de Madras. En 1642, le médecin Broughton a l'habileté et la bonne fortune de rappeler à la santé la fille du Grand-Mogol. Aussitôt, les Anglais se font octroyer par le souverain de Delhi le droit de trafiquer dans tout l'empire et jettent sur les bords de l'Houghy les fondements de la future Calcutta. Cette petite opération était le prélude des manœuvres coloniales où éclate dans son vrai jour le génie d'Albion. En 1648, les affaires vont mal : l'Angleterre est en pleine révolution : le contre-coup des événements frappe la Compagnie. Mais Cromwell, dès qu'il a saisi le pouvoir, se garde bien de la laisser péricliter. Il comprend que l'avenir et la grandeur de sa patrie reposent sur la prospérité des colonies. Aussi sauve-t-il les financiers colonisateurs (1653) ; il leur avance des fonds, il leur rend tous leurs priviléges ébranlés par les événements politiques. Il édicte l'Acte de Navigation et poursuit sur les flots de son décret et de ses vaisseaux les Hollandais, « les rouliers des mers ». Le premier établissement solide de la Compagnie est l'ile et la ville de Bombay. Charles II les possédait comme dot de sa femme, Catherine de Portugal, et les remit aux négociants de la puissante Société. Bombay devint le siège d'une Présidence : Calcutta et Madras furent les têtes des deux autres: la division en présidences date de 1702. Dès cette époque, la Compagnie avait une armée et une flotte sous ses ordres ; elle espérait, grâce à ces instruments de conquête, s'assurer une domination territoriale que les circonstances la mirent bientôt à même de rechercher et de posséder.

En 1707, en effet, Aureng-Zeb, souverain de Delhi, mourut. Le démembrement de l'empire du Grand-Mogol commença. Depuis longtemps déjà, les satrapes du chef suprême, gouverneurs des neuf grandes provinces de la contrée et de leurs dépendances, — (*soubabs, nababs, zé-*

mindars), — et les *rajahs*, princes indiens vassaux et tributaires, étaient parvenus à secouer
le joug et dirigeaient leurs sujets librement. Les
principautés d'Aoude, du Bengale, du Dekan,
d'Allahabad étaient nées à la faveur de ce mouvement décentralisateur et avaient conquis une
précaire autonomie. Des tribus se groupèrent
même à la faveur du morcellement général. Les
Sykhs de l'Indus, peuplade belliqueuse et bar-
bare, les Mahrattes, soldats terribles, les Radj-
pontes, apparurent, et par leurs déprédations et
leurs brigandages augmentèrent la confusion et
le désordre. Nadir-Schah, le conquérant de la
Perse, sut profiter de la situation. Il accourut
avec sa formidable armée, mit Delhi à feu et à
sang, y massacra cent mille hommes et obtint
en toute propriété les pays situés à l'ouest de
l'Indus (1739). Les Indes Orientales, disputées
par cent États rivaux, déchirées par les guerres
de peuple à peuple, les Indes Orientales, qui
allaient toujours en s'émiettant et en tombant en

poussière, appartiendraient-elles aux anciens fonctionnaires du Grand-Mogol, resteraient-elles aux mains des tribus farouches qui les ruinaient; ou plutôt ne deviendraient-elles pas la proie des Européens, des Anglais et de leurs infatigables rivaux, les Français ?

La France, en effet, était aux Indes aussi solidement établie que l'Angleterre et paraissait même la laisser en arrière pour l'importance des points occupés. Elle s'était déjà installée dans les places qu'elle possède à l'heure actuelle. En 1601 sous Henri IV, en 1642 sous Louis XIII, malgré le génie de Sully et de Richelieu, elle avait échoué deux fois dans ses projets de colonisation indienne, mais en 1664, sous le ministère du grand Colbert, l'entreprise avait obtenu un plein succès. La troisième Compagnie des Indes fut alors instituée. Elle recevait un capital de quinze millions ; elle obtenait le privilège exclusif du commerce des Indes pour cinquante ans. La Compagnie rencontra d'habiles et dévoués serviteurs. Il est utile de graver dans nos mémoires et dans nos cœurs les noms de quelques grands hommes dont le souvenir est complètement effacé. Au Bengale, Caron a créé Mazulipatam et Chandernagor ; sur la côte de Coromandel, François Martin, en 1679, fonda Pondichéry : la ville compta plus de 80,000 habitants sous l'habile direction de son créateur. Sous Dumas son gouverneur, président du Conseil où Dupleix était appelé à siéger, Pondichéry ne fit que prospérer. Dumas acquit même Karikal et ses dépendances. Si l'on ajoute à ces possessions Calicut et Mahé, sur la côte de Malabar, et Surate, au nord de la même côte, l'on connaîtra dans leur ensemble les colonies de la France aux Indes dans la première moitié du dix-huitième siècle. Leur nombre et leur importance ne laissaient pas d'être grands, mais en 1721 elles végétaient dans un état médiocre et languissant. Les importations d'Europe étaient nulles; les maigres cargaisons exportées n'arrivaient pas toujours à destination, et la péninsule ne retirait aucun profit du commerce. L'empire du Grand-Mogol, démembré, présentant les flancs à l'attaque, ne tentait pas les négociants de la Compagnie française, qui craignaient d'engager leurs capitaux dans une ruineuse et inutile agression. Les incursions des Mahrattes ne trouvaient personne devant elles pour les combattre et les repousser. Aucune idée, aucun homme ne se dressait devant l'Angleterre pour s'opposer à sa concurrence industrielle et à ses envahissements militaires ; la France semblait devoir jouer un rôle passif quand arriva Dupleix. Sa vigueur, la fougue de ses espérances, la grandeur de ses vues politiques allaient tout relever à l'heure où tout paraissait compromis.

CHAPITRE III

Rôle de Dupleix aux Indes avant d'obtenir le poste de
gouverneur général (1721-1742).

Dès son arrivée, Dupleix se mit résolûment à
l'œuvre dans l'étroite sphère où devait se mouvoir son ardente activité. Pondichéry, rési-
dence du Conseil suprême, n'avait pour
toutes défenses qu'une palissade. Ses murs, jamais réparés, faisaient brèche de toutes parts.
Quant à ses portes, elles avaient disparu. Les
Mahrattes avaient la partie belle pour emporter
la ville sans donner seulement un assaut : il n'y
avait même pas de fossés pour suppléer à l'ab-

sence des fortifications les plus élémentaires,
Pour ce qui est de l'armée, soldée par la Compagnie, en garnison à Pondichéry, elle n'exis-
tait guère que pour le principe. Son effectif se
composait de 350 Européens et 220 métis.

Les fonctionnaires au service de la Compagnie étaient peu ou mal rétribués : parfois, la
solde arrivait d'Europe en retard, et soldats et
employés se trouvaient sans ressources. De
fonds personnels, ils n'en possédaient générale·
ment pas. C'étaient en majorité des gens ruinés,
des hommes perdus de dettes. Ils partaient pour
refaire leur fortune épuisée, et la désillusion ne
tardait pas à les saisir. Réclamaient-ils auprès
du Conseil ? ils ne rencontraient que défiance
chez les agents supérieurs de la Compagnie. Les
gros bonnets de la finance donnaient à leurs représentants des ordres sévères. Gens de plume,
ils se tenaient toujours en garde contre les gens
d'épée. Ils avaient peur de devenir les dupes de
leurs subordonnés ; ils voyaient dans une pé-

tition l'annonce d'une révolte. Ils s'imaginaient que l'Inde pourrait leur être arrachée par leurs propres soldats et commis. Pour les tenir en respect, pour leur faire sentir le poids de leur autorité, ils accueillaient avec dédain les projets d'organisation et étouffaient l'esprit d'initiative.

Dupleix, ne connaissait, au début, ni les hommes, ni les choses. En peu de temps, par un travail obstiné, à la suite d'observations patientes et continuelles, il se rendit compte des affaires indiennes et sentit quels étaient les besoins du personnel. Il vit que la Compagnie pourrait s'attacher pour toujours des agents dévoués à ses intérêts si, au lieu de les affamer, elle leur donnait les moyens de s'enrichir. Le trafic le long des côtes et à l'intérieur n'était pas défendu aux employés ; mais ils n'en faisaient pas l'essai, par découragement. Dupleix, ouvrit la voie : il échangea des produits européens avec les objets fabriqués dans l'Inde. Les premières spéculations réussirent : son avare père, apprenant ses succès d'argent, s'associa à son entreprise qui, ainsi soutenue, ne fit que prospérer. Le branle était donné ; les employés travaillèrent aussitôt pour leur compte. La Compagnie, pour ne pas rester en arrière, suivit leur exemple et s'en trouva bien. Naturellement, l'idée de Dupleix, qui rapportait de gros bénéfices à tout le monde, ne manqua pas de lui attirer force louanges et encouragements. Mais la jalousie trouva aussi l'occasion de le poursuivre : le 28 septembre 1726, sur un ordre venu d'Europe, Dupleix était privé de son emploi. La mesure qui le frappait était, sans nul doute, l'œuvre de la malveillance. Dupleix, calme dans sa force, plein de confiance dans son innocence, attendit les événements. Il n'ignorait pas qu'on le regretterait quand il aurait cessé d'imprimer l'élan au mouvement général. Il était de ceux qu'un échec, loin de désespérer, trempe plus fortement. Il continua à spéculer pour son compte, sans fonctions, comme simple particulier. Il ne s'était pas trompé dans ses prévisions : le 30 septembre 1730, un décret du Conseil des directeurs le réintégrait dans son poste. Quelque temps après, il quittait Pondichéry : ses chefs l'appelaient au grade de gouverneur de Chandernagor.

Chandernagor ne jouissait pas d'une fortune plus brillante que Pondichéry, et pour les mêmes causes. Dupleix, dès son arrivée, s'occupa de rétablir une colonie qui, d'après ses propres expressions « manquait de tout et d'où l'indo-« lence, le relâchement de discipline et la pau-« vreté avaient à jamais banni le commerce. » Les employés sentirent une direction supérieure. Leur chef les poussait au travail, mais il les ré-compensait de leurs efforts en les associant à ses entreprises commerciales. Le commerce « d'Inde en Inde » ne cessait, en effet, d'aller bon train. Héritier de son père, qui venait de mourir, Dupleix employa sa fortune à étendre le champ de son négoce. Chandernagor profita

de son infatigable activité. Elle entra en relations avec Surate, avec Moka, avec *les ports fer-
més* de la Chine. Les barques sillonnèrent l'O-
céan Indien. Au moment où Dupleix, nommé
gouverneur général des possessions françaises
dans l'Inde, quittait la ville en 1742, elle avait
14 vaisseaux. Grâce au mouvement maritime, la
ville s'accroissait. Sous la direction de Dupleix,
10,000 maisons en briques rouges s'élevèrent.

C'est à ce moment de la vie de Dupleix que
vinrent s'ingérer deux personnages, dont l'un ne
cessa de le poursuivre de sa haine, dont l'autre
fut son bon génie. Le Conseil de Chandernagor
était subordonné à celui de Pondichéry: il y
avait conflit entre les deux. Pondichéry voulait
dominer Chandernagor ; Chandernagor résistait
à Pondichéry : Dupleix, lassé par les prétentions
adverses, résolut d'en appeler au Conseil des
directeurs à Paris. Il fit choix de Godcheu pour
plaider la cause des siennes. C'était un jeune
homme qui exerçait les fonctions de membre du

Conseil de Chandernagor. Dupleix le tenait en haute estime ; il l'avait admis fort avant dans son affection ; pendant quinze mois, il lui offrit l'hospitalité dans sa demeure. Il lui sauva même la vie : Godeheu allait s'embarquer pour l'Europe sur le navire *la Duchesse* ; son protecteur l'en détourna. Il advint que *la Duchesse* sombra en route et qu'aucun passager n'échappa à la mort.

Godeheu sut remplir avec succès la mission dont Dupleix l'avait chargé. Plus tard, au lieu de se montrer reconnaissant envers l'homme qui l'avait aidé, entouré d'affection, qui lui avait fourni l'occasion de se produire, il se tournera contre son bienfaiteur et le paiera de son amitié par la plus noire ingratitude.

Le second personnage est madame Jeanne Vincent. Elle était veuve. Dupleix, pris d'une sympathique admiration pour les solides qualités de son esprit, séduit par les charmes de sa beauté, l'épousa. Dès lors, ce fut entre les deux époux une affection à toute épreuve. Mais ils

firent mieux encore que de s'aimer : ils mirent
en commun, dans une sublime association, les
trésors de leur intelligence et de leurs talents.
Ils vécurent dans une admirable communion de
sentiments et d'idées, et leurs pensées avaient
pour objet constant le triomphe de la France
dans l'Asie orientale. Jeanne Dupleix, *Johanna
Bégum*, comme l'appelaient les indigènes, possédait tous les dialectes de l'Inde. Elle y était née;
elle connaissait l'esprit de ses compatriotes;
elle pénétrait le secret de leur faiblesse et de
leur inévitable décadence. Elle se fit l'apôtre
dévoué des plans conçus par Dupleix. Leurs
projets furent gigantesques et dignes de leur
puissant cerveau. Dans un moment d'anarchie,
le couple infatigable résolut de se mêler par la
ruse et l'intrigue dans les querelles des nababs
et des soubadahs. Ils caressèrent longtemps
l'idée de prêter secours aux faibles contre les
forts pour obtenir des concessions territoriales,
de diviser les forces des roitelets indiens, et, à

la faveur d'une aide illusoire, de les soumettre à
la surveillance d'un fonctionnaire chargé de défendre auprès des protégés de Dupleix les intérêts
de la France ! Et Johanna et Dupleix, lançant leur
imagination dans un monde immense de projets et d'espérances, voyaient déjà la protection
changée en vasselage, puis en domination effec-
tive ; et tous deux appelaient de leurs patriotiques désirs l'heureux jour où le drapeau de la
patrie flotterait sur toutes les villes de la péninsule. Que de fois ces deux âmes d'élite, que les
mêmes aspirations emportaient, ont dû voir se
dérouler devant leurs yeux éblouis le tableau
offert de nos jours par l'Inde à ceux-là même qui
la leur ont disputée et arrachée, à ceux-là même
qui, pour triompher, ont été obligés de mettre à
exécution la merveilleuse idée de leurs opiniâtres
adversaires et d'entrer dans les combinaisons
formées par leur esprit et par leur cœur ! L'on
aime à se représenter par l'imagination ces
deux héroïques personnages devisant ensemble

PONDICHÉRY.

4

sur le sort de l'Inde, au milieu de la nuit sereine, en face de la lumineuse nature orientale.
A mesure qu'on les contemple par la pensée, la
vision grandit ; les traits s'accusent plus fermes
et plus précis ; l'on aperçoit le couple s'enthou-
siasmant peu à peu, s'affermissant dans ses
idées, portant sur le front la joie de la réussite
et de la conquête réalisée ! Jamais ni décou-
vreurs de terres ni capitaines ne formèrent de
plus magnifiques projets que ce représentant
d'une Compagnie commerciale et sa vaillante
compagne !

CHAPITRE IV

Guerre de la Succession d'Autriche. — Jugement sur le
rôle de Dupleix et de La Bourdonnais dans la prise de
Madras (1744-1749).

Dupleix est revenu à Pondichéry, mais il y
est rentré pour commander en maître. D'après
une note du Conseil supérieur des Directeurs, il
n'a même pas à demander l'avis de ses collègues
dont il préside les délibérations ; il a le droit
de ne relever que de sa propre initiative. Aussi
ne perd-il pas de temps et, sitôt après son ins-
tallation, entreprend-il résolûment sa tâche. Là,
comme à Chandernagor, elle était ardue. Il ne

s'agissait plus d'un comptoir à relever ; il fallait
sauver la colonie tout entière, dont Pondichéry
était la tête. Les périls ne manquaient pas pour
rebuter un homme moins intrépide et moins
convaincu que Dupleix. Son prédécesseur, Dumas, comme jadis Marcien aux Barbares, avait
bien répondu aux Mahrattes qui lui intimaient
un ordre et lui demandaient un tribut : « Vous
voulez de l'or, vous aurez du fer » ; mais une
réponse, si belle et si éloquente qu'elle soit, ne
vaut pas une bonne armée et une puissante organisation militaire. Les Mahrattes n'en convoi-
taient pas moins Pondichéry. Les arguments de
Dupleix furent des remparts et des canons. La
ville fut fortifiée par ses soins du côté de la
terre et, par prévoyance, du côté de la mer.

A l'intérieur de la ville, le mal à déraciner
était la malhonnêteté des fonctionnaires. Ils
mettaient au pillage l'argent de la colonie ; ils
se livraient aux plus manifestes malversations.
Dupleix eut raison des exactions par l'énergie :

il n'hésita pas à sévir. Là où la plaie était à nu,
il usa du couteau courbe pour arrêter la gan-
grène qui dévorait tout. Grâce à sa droiture,
grâce à une surveillance active, il fit face au
danger. Sa conduite, appréciée à Paris, lui valut
un ordre de chevalerie et des lettres de noblesse.
La faveur ne laissait pas d'être rare et précieuse,
surtout pour l'époque ; elle fut, du reste, la
seule dont on honora Dupleix.

A ce moment, en 1744, Dupleix apprend tout
à coup, par un navire anglais, que la guerre qui
s'était élevée entre la France et l'Autriche est
devenue surtout une guerre maritime entre la
France et l'Angleterre. L'heure est solennelle
pour le gouverneur général de l'Inde : l'avenir
des colonies françaises dans l'Orient est livré
au hasard des batailles ; il est, surtout, livré
aux caprices d'un gouvernement sans force et
sans direction. D'instant en instant, Dupleix s'at-
tend à subir un siège ; il n'ignore pas que les
Anglais veulent s'emparer de Pondichéry. Le

gouverneur et les habitants n'ont aucun moyen de défense, mais ils espèrent qu'une flotte portant le drapeau de la patrie viendra les secourir. Tout le monde est sur le port ; tout le monde fixe ses regards vers la haute mer, et l'on n'aperçoit que la morne immensité des eaux, et jamais les sauveurs n'apparaissent à l'horizon. Au lieu de nos marins, c'est une escadre anglaise qui vient fondre sur sa proie. Dupleix, abandonné par la France, ne s'abandonne pas. C'est au sein du péril qu'il est vraiment lui-même, qu'il déploie ses plus vives qualités, qu'il trouve dans son esprit le plus de sages ressources. Il flatte adroitement le Grand-Mogol et le prend dans ses filets. Il lui suggère l'idée d'ordonner à l'amiral Burnet, commandant de la flotte anglaise, de se retirer immédiatement, et Burnet obéit. Pondichéry avait échappé, grâce au sang-froid de Dupleix, à une ruine assurée.

Jusque-là, les Français se sont défendus ; ils vont attaquer maintenant. C'est ici qu'intervient un homme dont la mémoire a singulièrement bénéficié de la haine portée par des envieux à la gloire de Dupleix : Bertrand-François Mahé de La Bourdonnais. Jusqu'à ces derniers temps, grâce à la légende qu'a forgée Bernardin de Saint-Pierre; grâce à un emprisonnement qui le fit passer pour un martyr, La Bourdonnais a été traité par les historiens comme un grand homme méconnu, injustement sacrifié à un indigne rival. On l'a posé en victime de son vivant, et l'on n'a cessé de le plaindre après sa mort : pour un peu, l'on aurait sanctifié son souvenir ! C'est là un mensonge que doit dissiper la sincère vérité: plus l'erreur trouve de crédit, plus il la faut battre en brèche. Gémir sur la destinée de La Bourdonnais, vouer à l'exécration le nom de Dupleix, c'est chose si peu équitable, si contraire à un patriotisme éclairé, qu'il est nécessaire de s'élancer de toutes ses forces pour enfoncer la cognée au cœur d'un si détestable préjugé afin de l'abattre et de le détruire. Depuis les révélations produites par les auteurs anglais eux-mêmes, — nos devanciers dans une tâche qu'il eût été beau d'accomplir les premiers, puisqu'elle était une réparation envers Dupleix méconnu et un acte d'énergique désaveu envers La Bourdonnais triomphant, — le procès est désormais jugé entre le gouverneur de l'Inde et le gouverneur des îles de France et de Bourbon. Il faut se résoudre, malgré qu'on en ait, à flétrir comme déshonoré par une indéniable trahison un homme considéré par les contemporains et la postérité comme le modèle de la droiture et de l'honneur immolé aux calomnies d'un rival ambitieux, sans principes et sans foi. Pour que la sentence portée sur Dupleix et La Bourdonnais soit vraiment juste, il n'est que d'en retourner les termes : le coupable, c'est l'acquitté ; l'innocent est le condamné. Les pièces citées par le major Malleson font la preuve.

Né à Saint-Malo en 1699, de La Bourdonnais avait conquis tous ses grades, un à un, dans la

marine. Il s'était toujours signalé par la facilité
de son intelligence, par son habileté dans l'art
des constructions navales, surtout par son courage, dont il avait donné des exemples comme
marin et comme officier. M. de Pardailhan, son
chef hiérarchique, récompensa un jour sa valeur
d'une façon éclatante. La Bourdonnais avait em-
porté la ville de *Maihi* ou *Mahi,* dans l'Inde : le
nom patronymique de La Bourdonnais : *Mahé,*
fut donné à la place ; elle l'a conservé.

Après avoir navigué sur toutes les mers, en
1734, La Bourdonnais parvint au poste de gouverneur général des îles de France et de Bourbon pour la Compagnie des Indes. Comme Dupleix l'avait fait dans l'Hindoustan, La Bourdonnais réorganisa et enrichit les deux colonies
placées sous ses ordres. Quand la guerre de la
Succession d'Autriche éclata, le gouvernement
lui signifia qu'il fallait envoyer en France tous
les vaisseaux dont disposaient les Indes. La
Bourdonnais obéit ; les ports étaient dépourvus

de navires ; par bonheur on ne les attaqua point. Pressé par Dupleix d'accourir aux Indes pour l'aider à les défendre, La Bourdonnais déploie une admirable activité pour construire, équiper et lancer promptement à la mer une flotte de secours. Il se fait charpentier, mécanicien, tisserand, forgeron ; il met la main à l'œuvre, il encourage l'ouvrier par son exemple, il exerce les matelots ; il embauche des nègres qu'il instruit et discipline, enfin bientôt ses vaisseaux et ses équipages prennent sous sa direction la route des Indes et de Pondichéry.

Jusque-là, aucun acte ne donne le droit d'attaquer la conduite de La Bourdonnais. Mais, dès qu'il est parvenu sur le théâtre de l'action, tout change dans ses paroles et dans son attitude. Son ardeur tombe tout d'un coup ; il n'a plus cette fièvre d'activité dont il avait fait montre aux îles ; sa résolution habituelle, son énergie habituelle faiblissent. D'où vient une si entière transformation dans la conduite du brillant offi cier ? C'est que son cœur est rongé par l'envie. La Bourdonnais est un indépendant ; il n'admet pas le partage du commandement. Son esprit est entier ; il ne saurait se plier à des ordres, à une supériorité étrangère. Dès que le gouverneur des îles se trouve en contact avec le gouverneur général des Indes, il faut qu'il s'incline devant un maître. Il en souffre et voue une implacable haine à Dupleix. Pour lui désobéir, pour se soustraire à ses décisions, il sortira de la voie de l'honneur et du patriotisme ; il ira jusqu'à trahir son pays en haine d'un rival.

Le 8 juillet 1746, La Bourdonnais entre en rade de Pondichéry. Bien qu'il ait prétendu dans la suite que Dupleix le reçut fort mal, il est avéré qu'il n'aurait jamais dû se plaindre de l'accueil qu'on lui fit. Dupleix le flatta, essaya de gagner sa confiance, étala la plus affable cordialité. Les conversations qu'il lui tint peuvent être niées ; mais certaines lettres, pleines de modestie, défendent Dupleix contre toute accusation de hau-

teur et d'arrogance. Dupleix apprend-il l'arrivée
de La Bourdonnais? aussitôt il lui écrit: « A vous
sera l'honneur, et je m'estimerai heureux d'y con-
tribuer par des moyens qui doivent leur valeur
entièrement à votre habileté. » Il tient tellement
à l'amitié de La Bourdonnais, il la sent si utile
aux intérêts de la France qu'il n'hésite pas à la
rechercher : « Je comprends trop l'importance
de notre union pour ne pas m'appliquer entièrement à la réaliser. » Est-ce l'aveu d'un homme
impérieux et hautain ? Ne faut-il pas, au contraire, voir dans ces lignes le témoignage de
son ardent amour pour la cause commune ? Plutôt que de s'aliéner un collègue dont la patrie
avait besoin, dont l'Inde attendait les services,
il mettait de côté la supériorité de son rang pour
le suivre et collaborer à son œuvre. Il oubliait
son propre talent, il foulait aux pieds tout amour-
propre, tout légitime désir de l'emporter en re-
nommée sur son associé.

Il y eut d'abord entente entre les deux gou-

verneurs. Ils résolurent de prendre Madras pour
porter un coup mortel aux établissements anglais. Le projet est de Dupleix : La Bourdonnais
brûle de l'exécuter. Quand vient le moment d'a-
gir, il tergiverse, il perd du temps, il reste à
l'ancre à Pondichéry. Enfin il se décide à partir.
Dès qu'il arrive en face de Madras, il retrouve
son intrépide habileté. Il force M. Morse, le
gouverneur de la place, à baisser pavillon sans
tenter un seul combat. La capitulation est du
20 septembre 1744.

C'est ici que commence le dissentiment entre
les deux chefs. La Bourdonnais, gagné par les
membres du Conseil de Madras, moyennant un
million de francs, a promis de rendre la ville à
ses maîtres contre rançon. Dupleix pense autre-
ment ; il est lié par une promesse au nabab du
Carnatic ; il lui a juré de lui remettre Madras,
si les Français n'étaient pas attaqués par lui
pendant qu'ils en faisaient le siège. Sous peine
de forfaire à son serment, Dupleix doit se des-

saisir de Madras en faveur du nabab. Et voilà qu'il est entravé dans l'exécution de sa parole par un subordonné, qui se révolte, et aux promesses de son chef oppose ses engagements. Les lettres se croisent ; celles de La Bourdonnais sont dures, mordantes, pleines d'acrimonie. La correspondance de Dupleix est calme et sereine, les droits hiérarchiques sont énergiquement revendiqués, mais jamais en termes qui froissent l'amour-propre et blessent des susceptibilités promptes à s'effaroucher (1). Il y avait conflit d'autorité. Mais la raison était du côté de Dupleix. Le commandant de l'escadre, La Bourdonnais, n'avait pas qualité pour conclure un traité définitif avec les Anglais sans que le gouverneur de l'Inde française en connût et en approuvât les clauses. Dupleix refusa de sanctionner la convention et fit bien. La Bourdonnais agit alors entièrement à sa guise ; il insulte les commissaires envoyés par Dupleix, il

1. Voir l'appendice.

se livre à un furieux emportement, que la vio-
lence de sa nature était loin d'excuser. Pendant
qu'il s'abandonne aux accès d'une colère déplacée, les vents du mousson soufflent sur la
côte de Madras. L'escadre de La Bourdonnais
est violemment atteinte par la tourmente. Un navire coule à fond ; d'autres sont désemparés.
La Bourdonnais s'éloigne furieux avec les restes
de sa flotte ; il gagne l'île de France, puis Paris, après une courte captivité à Londres. Il y
trouve une prison, des juges, et un acquittement
conquis par ses mensonges, ses pamphlets ca-
lomniateurs et par la singulière adresse de sa
défense.

Le départ de La Bourdonnais rend à Dupleix
sa liberté d'action. Le nabab le presse de lui livrer Madras. Dupleix a le désir de lui tenir parole, mais il ne veut remettre la place aux Hin-
dous que démantelée. Comme il faut évidemment
du temps pour détruire les fortifications, il agit
sans hâte. Le nabab entre en fureur : Dupleix

calme son grand courroux dans la plaine de Saint-Thomé, à quatre milles environ de Madras. Paradis, soldat de fortune, Suisse d'origine, met en fuite, à la tête d'une poignée de braves, une formidable armée d'Indiens. Désormais, les Européens ne craindront jamais leurs adversaires indigènes sur les champs de bataille et les affronteront même s'ils se présentent en masses innombrables. Les Anglais feront leur profit de l'expérience. Madras, après la victoire, resta tout naturellement à la France. C'était justice : Dupleix n'avait en aucune façon ratifié le traité de La Bourdonnais.

Tranquille sur ce point, Dupleix poursuit aussitôt un autre but. Il veut s'emparer de Saint-David's. La prise du fort et de la ville achèvera d'assurer la suprématie de la France dans le Karnatic. Il fait le siège de la colonie anglaise. Il est sur le point de s'en saisir, malgré l'énergique résistance des habitants, quand l'amiral Roscawen arrive dans l'Inde avec une flotte et

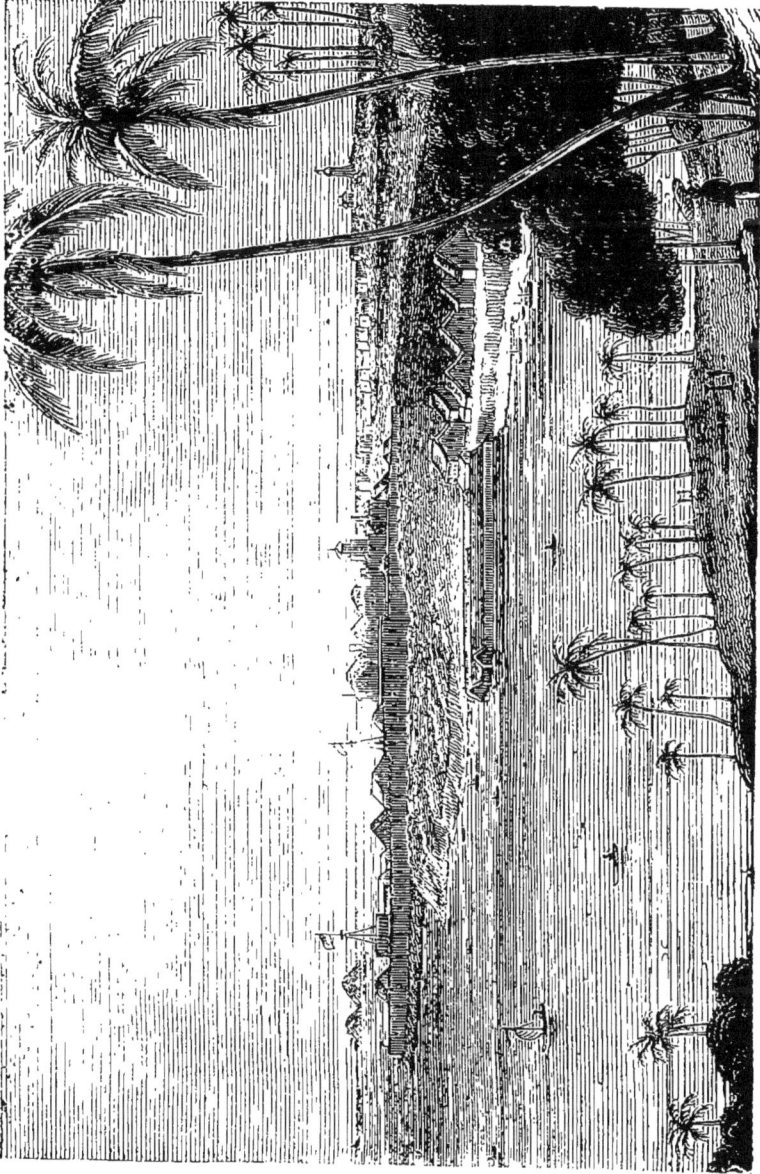

BOMBAY.

5

des troupes qui forcent Dupleix à renoncer à l'attaque pour se mettre sur la défensive. Le 30 août 1748, les Anglais, désireux de frapper un coup décisif, mettent le siège devant Pondichéry. Dupleix, loin de se montrer timide et lâche au milieu d'un si pressant danger, ainsi que l'ont souvent insinué les partisans de La Bourdonnais, est plein de courage. Homme de cabinet, il se transforme en homme d'action. Il anime les habitants ; il leur enseigne d'exemple la résistance et l'audace. Les Anglais ouvrent des tranchées ; mais l'amiral Boscawen ne fait pas montre de grandes capacités. L'artillerie ne porte pas jusqu'aux murailles ; les parallèles sont trop éloignées de la place. L'ennemi perd son temps à corriger les erreurs commises ; la saison des pluies arrive ; les maladies fondent sur l'armée assiégeante : le siège est levé.

Quelques semaines après, au moment où Dupleix, fier de son succès, songeait à aller encore

de l'avant, la France et l'Angleterre signent un
traité qui met fin aux hostilités en Europe et
aux Indes. L'un des articles ordonne la restitution dé Madras à l'Angleterre ! Le coup est rude
pour Dupleix. Ainsi tous ses efforts ne portent
aucun résultat. Tant de travaux, tant de combats, tant de sièges et de souffrances, pour ne
rien gagner, pour voir les choses remises sur le
même pied qu'avant la guerre ! Il fallait donc
rendre à l'ennemi Madras, qui avait coûté tant
de déchirements à son cœur ! Il fallait restituer
une place dont la possession était nécessaire à
la réalisation de ses rêves aimés et de ses patriotiques aspirations ! Parce qu'il avait plu au
souverain de la France de « faire la paix en roi
ιt non en marchand », il était nécessaire de bri-
ser l'ébauche d'une œuvre si bien commencée
et de se mettre à en tracer à nouveau l'harmo-
nieux dessin ?

CHAPITRE V

Dupleix parvient à donner le Dékan à une de ses créatures et reçoit l'investiture des pays situés entre l'embouchure du Kristnah et le cap Comorin.

Les résultats donnés par la guerre n'étaient pas heureux, malgré les victoires. Dupleix, à la faveur de la paix, poursuivit son entreprise. Le traité ne rendit pas le calme à l'Inde ; la France et l'Angleterre, en continuel désaccord, restèrent sur le pied de guerre et se combattirent sans pourtant paraître lutter ensemble. Le plan des deux nations porta la marque d'une singulière habileté. Les cabinets de Londres et de Paris

échangeaient des missives amicales, mais ils
donnaient à leurs représentants aux colonies des
ordres secrets qui n'avaient certes pas une signi-
fication sympathique. Au Canada, aux Indes, tout
sembla bon aux deux peuples pour se mesurer
et se chasser de leurs positions réciproques.
Aux Indes, la lutte prit un caractère de dupli-
cité et d'intrigue emprunté aux mœurs de l'O-
rient. L'on a reproché à Dupleix d'avoir abusé
du mensonge et de la duperie. Certes, la saine
morale réprouve les moyens qu'employa sa diplomatie ; mais ses procédés étaient peut-être
un mal nécessaire. Les actes de Dupleix avaient,
du reste, un merveilleux écho dans le camp de
ses adversaires : ils imitaient le gouverneur
français avec succès, le plus souvent même ils le
devançaient. Agir avec droiture quand l'ennemi
cherchait les voies les plus tortueuses pour par-
venir à ses fins, c'eût été faire preuve d'une ri-
gidité de principes déplacée qui n'aurait en-
traîné que désastres et que ruines. Dupleix

possédait le secret de la faiblesse asiatique, que lui avait révélé la guerre ; il essaya sans bruit, couvertement, de fonder un vaste empire dans l'Hindoustan.

Sa conception est grandiose. Dupleix veut installer dans le Karnatic un nabab, dans le Dekan, un soubadhar. Les nouveaux souverains, tenant leur couronne de la France, en deviendront les vassaux et les tributaires. Ils ouvriront leurs territoires aux agents de la compagnie ; ils lui céderont d'immenses possessions coloniales.

A mesure que son plan s'agrandit et s'affirme, à mesure qu'il approche du but, Dupleix se montre plus actif et plus résolu à emporter les difficultés de haute lutte. Il se multiplie ; il est tour à tour souple et insinuant, impérieux et inflexible. Il ne cesse de payer de sa personne ; c'est un infatigable travailleur. De son cabinet partent d'incessantes instructions, qui portent la discorde au sein des forces ennemies, des

émissaires qui sillonnent l'Inde entière, sou-
lèvent ou apaisent les princes indiens, à son gré
et à son heure. Dupleix sait que les directeurs
de Paris lui opposeront de la résistance, s'il vide
leurs caisses : pour faire face à leurs futures ré-
clamations, il solde les troupes de son propre
argent. Suivre pas à pas Dupleix dans les mille
détours de ses ruses complexes serait fastidieux.
Au plaisir des premières surprises succède la
lassitude. De même, il n'y aurait ni grand agré-
ment ni grand profit à dresser la stérile nomen-
clature des chefs qu'il vainquit. Leurs noms
sont barbares ; leurs caractères odieux ou gro-
tesques, et ils ne méritent guère d'attirer l'atten-
tion. Il s'agit simplement ici d'étudier l'œuvre
de Dupleix dans ses grandes lignes, en fuyant
le détail des épisodes racontés par le menu.

Dans le Dékan, — c'est ainsi qu'on nomme la
péninsule triangulaire qui commence aux monts
Wind'hya, — Mozuffer-Jung luttait pour le
trône contre son père Nazir-Jung. Dans le Kar-

natic, — bande de terre qui s'étend le long du
littoral oriental, — Chunda-Sahib disputait la
souveraineté à Anouarouddin. Dupleix s'immisce
dans leurs querelles ; il soutient le fils contre
son père ; il défend aussi Chunda-Sahib contre
son compétiteur. De plus, il pousse Chunda-Sahib
à unir sa cause à celle du prince Mozuffer-Jung.
Dupleix a donc deux alliés, et ses deux alliés
s'entr'aident pour arriver au trône. Chunda-
Sahib prête son appui à Mozuffer-Jung, mais, par
un juste retour, Mozuffer-Jung, devenu souverain, ne lui plaindra ni les troupes ni les concessions de territoires et lui frayera un chemin
vers la royauté. Quant à Dupleix, en récompense
de ses services, il se fera octroyer force faveurs de tous les deux : les prétendants lui de-
vront le sceptre et deviendront de grands vassaux de la Compagnie et de la France. Les protégés gagnent à l'alliance, mais Dupleix trouve
un double bénéfice à les soutenir de son argent,
de ses soldats et de sa tactique. L'on est loin

des premières tentatives ; Dupleix n'aspire à rien moins qu'à conquérir deux royaumes à deux de ses créatures. S'il réussit dans son entreprise, il les fera mouvoir à son gré, il les forcera à signer telles conventions qu'il lui plaira de leur imposer, il les transformera en de véritables marionnettes royales, dont ses doigts habiles tiendront les fils et presseront les ressorts (1).

Dupleix commence l'expédition par un succès. Il envoie le comte d'Auteuil avec quatre cents Européens et deux mille indigènes armés à la française, prêter secours à Chunda-Sahib· Anouarouddin trouve la défaite et la mort dans l'engagement d'Ambour : en quelques heures, Chunda-Sahib a mis la main sur le Karnatic. Mais le fils d'Anouarouddin reste encore. Il s'est réfugié à Tritchinapoli. Désormais, tous les efforts de Dupleix tendront à chasser Mohamed Ali de sa forteresse et à l'occuper : de même,

1 Voir dans Macaulay la biographie de Clive.

les Anglais n'auront de cesse qu'ils n'aient dé-
gagé et délivré la place. Tritchinapoli, capitale
du Karnatic, entourée d'une double muraille,
clef du Kavery dont les eaux baignent ses
assises à une profondeur de 200 mètres, assis-
tera du haut de ses remparts à nombre de combats et verra bien des armées s'entrechoquer
dans la plaine. Chaque année, Dupleix envoie
sous ses murs un corps d'expédition ; chaque
année, une circonstance malheureuse contrarie
ses desseins et sauve Tritchinapoli.

Pendant que Chunda-Sahib, aidé par Dupleix,
cerne pour la première fois Mohamed-Ali dans
sa formidable retraite, Nazir-Jung marche à
grands pas, avec une immense armée, sur Mozuffer-Jung, qui se prévaut de l'alliance française. Dupleix lève à la hâte une armée pour
résister à l'ennemi. Mais elle est en proie
à la désertion, à l'indiscipline des officiers
et des soldats ; elle se débande même en pré-
sence des forces indiennes. Mozuffer-Jung, mal

soutenu par ses protecteurs, tombe pour surcroît de misère, au pouvoir de son compétiteur.

Les revers ne sont pas pour affaiblir la confiance de Dupleix. Par la ruse et par les armes, il aura bientôt raison de Nazir-Jung, qui a poussé ses troupes jusqu'à Pondichéry. Grâce à ses émissaires, Dupleix répand la discorde parmi les soldats du chef indien. Sa vigilance et son activité relèvent bientôt le moral des Français et des cipayes. Il les exerce, il les rend prêts à la lutte. Une sortie nocturne change la situation comme par un brusque coup de théâtre. Les Indiens surpris dans leur sommeil par un détachement de trois cents hommes s'enfuient affolés. « C'était, dit Voltaire, une journée supérieure à celle des trois cents Spartiates au pas des Thermopyles, puisque ces Spartiates y périrent, et que les Français furent vainqueurs (1). » Nazir-Jung ne s'arrête que sous les murs d'Arcot, la

1. Voltaire, *Précis du siècle de Louis XV.*

capitale du Dékan. Il cache au sein de son palais sa peur et son humiliation.

Dupleix maître à nouveau de ses mouvements, poursuit le cours de son entreprise et de ses succès. Mazulipatam, port situé à l'embouchure de la rivière Kristnah, tombe en son pouvoir. Bientôt après, c'est le tour de Gingi. La citadelle passait pour imprenable. Le marquis de Bussy, jeune officier de fortune au service de la Compagnie de Dupleix et son plus précieux auxiliaire, eut à cœur de ravir à la forteresse sa vieille réputation. La ville était au pied de trois montagnes, dont les trois côtés présentaient la forme d'un triangle équilatéral. Partout des pentes escarpées d'un formidable abord ; tout en haut sur chacune des trois montagnes, une citadelle plongeant à pic sur la plaine. Bussy accomplit des prodiges d'héroïsme. Il pénètre dans la ville, grâce à un pétard qui fait sauter une des portes. Il enlève avec des compagnons résolus les ouvrages avancés ; il enfonce les portes des citadelles, qui font pleuvoir sur les siens un feu nourri. Enfin, comme on l'a dit, quand vient le jour, les Français contemplant les obstacles surmontés pendant la nuit, éprouvent de l'étonnement et encore plus de l'effroi.

Au bruit de l'exploit accompli par Bussy, Nazir-Jung tremble dans Arcot. Il a raison de craindre les armées françaises et le nouveau héros qui les conduit à l'assaut et à la victoire : il ressentira bientôt les effets de leur courage. Sous le murs de Gingi, le 16 décembre 1750, il tombe frappé d'une balle au milieu de ses soldats en déroute. Mozuffer-Jung, l'allié de Dupleix, devient aussitôt maître du Dékan. Il s'attendait, au milieu du combat, à périr assassiné ; la victoire le délivre ; la mort de Nazir-Jung le couronne ! La fortune a tourné; les clairons et les cymbales retentissent, Mozuffer-Jung est hissé sur un éléphant de parade; il est proclamé soubadhar du Dékan : Dupleix va ré-

gner sur un immense empire, Dupleix a trente-
cinq millions de sujets et d'innombrables richesses !

Dupleix, qui vient de si bien tailler, va, en
effet, coudre encore mieux. Nul ne profite avec
plus d'adresse de la victoire. Il tient à frapper les
imaginations indiennes. Pour leur inspirer une
vive admiration envers les Français, il se trans-
porte en grande pompe sur le champ de bataille.
Avec un cérémonial imposant, il y fonde une
ville, qui léguera le souvenir du triomphe à la
postérité. Les fêtes se succèdent. Mozuffer-Jung
fait une entrée solennelle à Pondichéry. On l'y
reçoit avec les honneurs dûs à son titre de sou.
verain. Puis, les réjouissances éclatent plus
belles et plus somptueuses encore le jour où
Mozuffer-Jung reçoit l'investiture du Dékan. La
cérémonie est imposante. C'est Dupleix qui, le
premier, rend hommage, en protecteur habile,
à son royal client. Il le proclame à haute voix
soubadhar dans une assemblée de rajahs et d'of-

ficiers ; il lui offre, selon la coutume indienne,
vingt et une pièces d'or. La séance n'est pas
achevée que Dupleix éprouve déjà les effets de
la reconnaissance de Mozuffer-Jung. Le maître
du Dékan inaugure son pouvoir en conférant à
Dupleix la souveraineté sur tout le territoire qui
s'étend entre la rivière Kristnah et le cap Comorin. Il le nomme nabab, titre qui servira aux
yeux des indigènes à couvrir son usurpation.
Dupleix ne sera plus un étranger pour eux ; il
jouira des prérogatives attachées à sa dignité ;
il va dominer avec d'autant plus de facilité les
Indiens qu'il entre plus profondément dans leurs
mœurs et dans leur existence. S'il parvient à
faire oublier son origine en la dissimulant sous
des fonctions d'emprunt, la conquête de l'Inde
deviendra aisée et durable. On admire souvent
l'Angleterre pour avoir trouvé le procédé de
gouvernement qui lui permet de diriger de si
loin les affaires de l'Inde avec un petit nombre
de fonctionnaires civils et une faible armée de

cipayes et d'Européens, mais ne faut-il pas
convenir que tout l'honneur de la découverte
revient à Dupleix, son inventeur ? L'Angleterre,
si fière de son idée, si engouée de son administration, n'a eu qu'à s'inspirer de Dupleix. Si elle
a le profit, il n'est que juste de lui retirer la
gloire et de la restituer à qui de droit.

Mozuffer-Jung, que Dupleix venait de sacrer,
avait bien en principe la couronne, mais prati-
quement il était sans État et sans sujets. Il fallut conquérir le tout. Bussy se chargea de l'expédition. Il ne s'agissait de rien moins que de
s'enfoncer au cœur de l'Inde centrale pour installer le nouveau souverain à Aurengabad, la
capitale de son royaume. Bussy s'éloigne de
Pondichéry le 7 janvier 1751. Une révolte éclate
dans le Dékan : Mozuffer-Jung se précipite au-
devant des rebelles; il périt, frappé d'un coup de
lance au milieu du front. La mort de Nazir-Jung
avait donné la victoire à Dupleix, la mort de
Mozuffer-Jung semble devoir la lui arracher.

BATAILLE DE SOUNAH (1752).

Mais le fidèle Bussy est là, qui veille aux intérêts de la France. Il faut, à tout prix, un successeur au protégé de Dupleix ; il en trouve un, et
le couronne. C'est un des frères de Mozuffer-
Jung, un captif, tiré des fers. Salabat-Jung est
accepté des chefs. Il est l'humble serviteur de
Dupleix et, naturellement, il confirme les me-
sures prises par son prédécesseur. Bussy continue d'avancer dans le Dékan. Il arrive à Aurengabad, et la cérémonie d'investiture étale ses
splendeurs dans la capitale même du prisonnier
que le sort vient de porter au trône.

Qu'avaient fait les Anglais, pendant que de
si grands événements se déroulaient sous leurs
yeux ? Ils les contemplaient en silence. Ils at-
tendaient pour se prononcer que le Grand-Mogol
penchât vers l'un ou l'autre des rivaux. La puissance politique de la France, au milieu de l'an
1751, humble et timide au début, prenait des
proportions colossales. Les indigènes étaient
plongés dans un étonnement mêlé de terreur: les

Anglais commençaient à prendre l'alarme. A leur longue inaction allait succéder un mouvement de fébrile énergie. La grande nation maritime ne devait pas abdiquer ainsi devant sa vieille rivale. Les actions et les manœuvres de Dupleix n'ont pas été perdues pour elle : elle luttera avec lui en se servant de ses armes. Qui restera maître du terrain ? Sera-ce Dupleix, qui tient déjà en tutelle les souverains du Dékan et du Karnatic ? Sera-ce l'Angleterre, qui est réduite à la portion congrue et n'a pas étendu le cercle de ses colonies primitives ? Logiquement Dupleix doit triompher : mais il a affaire à un adversaire plus fort qu'Albion. Il lui faut résister à la Compagnie dont il fait la fortune, au roi de France dont il augmente les possessions et l'influence. Sous tant d'ennemis, il succombera, mais non sans avoir opiniâtrement combattu et sans laisser dans le champ de l'histoire un large et droit sillon !

CHAPITRE VI

Lutte des Français et des Anglais jusqu'à l'arrivée de
Godeheu (1er août 1734).

C'est dans le Dékan et dans le Karnatic, sur
deux théâtres à la fois, que les Anglais, réveillés
de leur torpeur, et que les Français, emportés
par l'enivrement de la victoire, se trouvent aux
prises. Bussy surveille le souverain du Dékan,
c'est dire assez que Dupleix peut compter de ce
côté sur des avantages. Mais, dans le Karnatic,
des officiers incapables et des troupes insuffi-
santes soutiennent l'effort de la lutte, et sur ce

point les revers ne sont pas ménagés au grand gouverneur.

Tritchinapoli, dans le Karnatic, est toujours le pivot autour duquel se meuvent les opérations militaires. Mohamed-Ali continue à occuper la forteresse et à se défendre à l'abri de ses audacieux remparts. Cerné, mis dans l'impossibilité d'échapper à ses adversaires, il sollicite le secours des Anglais. Saunders, gouverneur des possessions britanniques dans l'Inde, ne lui marchande pas son aide. Les Français et les Anglais se rencontrent à Valcanda. Ce ne fut pas une bataille. Les Anglais, pris d'une inconcevable terreur, s'enfuirent lâchement. Dupleix profite de la victoire et du nouveau prestige acquis par les troupes françaises pour presser plus activement le siège de Tritchinapoli. Un jeune officier, neveu du fameux agioteur, M. Law, dirige les assiégeants. Mais il n'a aucune connaissance de l'art militaire, et il accumule fautes sur fautes par sa folle présomption. Les Anglais, voyant le siège traîner en longueur, ont l'idée de faire une heureuse diversion sur Arcot, la capitale où réside Chunda-Sahib, l'allié de la France. Le lieutenant Clive conduit l'attaque.

Clive, dont le nom deviendra si célèbre dans l'histoire de l'Inde et qui est destiné à fonder la puissance anglaise dans la péninsule hindoustanaise, Clive avait humblement débuté, en qualité de commis, dans les bureaux de la Compagnie. Fatigué d'un travail mécanique, il entra au service militaire et se fit remarquer de ses chefs par la soudaineté de ses inspirations, par la sûreté de son rapide coup d'œil, par son calme et beau courage. Cependant, malgré sa valeur et son talent, il ne montait pas vite en grades. Il souffrait de son infériorité hiérarchique ; il étouffait dans les rangs subalternes de l'armée. Il fallait un champ immense à son audace, et il était condamné à végéter, sans espoir de réussite. Il avait la conviction qu'il serait appelé à jouer un grand rôle dans le monde, et il n'avait pas de quoi satisfaire les élans les plus humbles de l'ambition. Aussi résolut-il de mourir. Il tenta de se suicider : à deux reprises, il ne parvint pas à se tuer. Sa double tentative de suicide avorté fut pour lui comme un avertissement ; il eut désormais foi en lui et dans l'avenir : « Dieu veut quelque chose de moi, dit-il à un ami en lui montrant l'arme inutile ; deux fois, ce matin, j'ai appuyé ce pistolet sur mon front et lâché la détente, deux fois il a refusé de prendre feu. » Les pressentiments ne le trompèrent pas : le temps n'était pas éloigné où sa glorieuse destinée devait s'accomplir. L'occasion de briller au premier rang s'offrit bientôt à son activité.

Tritchinapoli allait céder ; Mohamed-Ali suppliait les Anglais d'accourir. « Nous ne pouvons plus nous défendre, s'écrie Clive au sein du Conseil anglais où il est parvenu à s'introduire ; prenons l'offensive. Pendant que Chunda-Sahib nous poursuit à Tritchinapoli, prenons-lui Arcot.»

Aussitôt, le Conseil d'applaudir à sa résolution
et de lui confier une armée.

L'effet suit de près les paroles. Avec une
poignée d'hommes, Clive s'empare d'Arcot. Ce
n'est là que son début. Sans tarder, Clive court
à Tritchinapoli et a le bonheur d'introduire des
renforts dans la place. La guerre directe entre
les Français et les Anglais est déchaînée : Clive
et Dupleix, deux génies éminents, sont lancés
l'un contre l'autre dans l'immense arène de
l'Inde.

Dupleix aurait voulu éviter, à tout prix, un
conflit avec l'Angleterre. Le but poursuivi par
Johanna Bégum et son illustre époux était de
s'établir peu à peu, sans éveiller les susceptibilités britanniques, dans les principales places
de l'Hindoustan. Dupleix n'ignorait pas que, dans
une lutte contre l'Angleterre, l'égoïsme de la
Compagnie française ne le soutiendrait pas, mais
bien plutôt l'abandonnerait, en condamnant bien
haut ses patriotiques empiétements. Mais, les

circonstances, plus fortes que son génie, l'emportèrent et le contraignirent à s'écarter de sa voie. L'épée était sortie du fourreau ; on ne pouvait pourtant pas la rendre aux Anglais. Dupleix reçut avec intrépidité le choc des agressions ennemies. C'est peut-être la plus belle époque de sa vaillante et admirable carrière. Il ne veut pas engager à fond les ressources de la Compagnie ; il transforme en fusils, en canons, en approvisionnements et fournitures toute sa fortune. Comme ses biens ne suffisent pour assurer le succès de l'entreprise, il emprunte des sommes immenses, il engage sa signature pour tenir tête à Clive triomphant.

Clive, en effet, non content d'avoir jeté des renforts dans Tritchinapoli, vient de remporter une victoire complète sur l'orgueilleux et incapable Law. Après la défaite, malgré les objurgations de Dupleix, le jeune commandant français s'est retiré avec le reste de ses troupes dans l'île de Seringham. Clive s'acharne après lui ; il le

tient presque en son pouvoir. Dupleix, désireux
de le délivrer, lui envoie Auteuil et l'armée que
sa générosité vient de recruter. Auteuil, vieilli
par les fatigues de la guerre, marche sur les
Anglais, puis subitement bat en retraite. Le
1er juin 1752, Law, à bout de ressources, capi-
tule. Chunda-Sahib se trouve, lui aussi, à Seringham. Il se rend aux Anglais avec nos troupes.
Il est massacré par les Indiens qui ont accom-
pagné Clive dans l'expédition.

Dupleix, loin de plier, résiste à l'orage. Le
sort des combats a tourné contre lui ; il a recours
à la diplomatie. La ruse est toujours pour lui un
plus sûr auxiliaire que la force. Mohamed-Ali ne
vit pas en parfait accord avec les Anglais : Dupleix entretient soigneusement les dissentions
entre les alliés. Bientôt, le concert du protégé et
du protecteur est rompu. Chacun d'eux tire de
son côté, et les attaques faiblissent par degrés.

Dupleix reprend alors l'offensive. Il expédie
encore des troupes sous le commandement d'un

brave soldat, M. Maisson, contre l'éternel Tritchinapoli. Maisson tente un assaut nocturne. Au
milieu des ténèbres, ses troupes s'égarent et
sont défaites. L'on était au début de l'année 1754.
Dupleix, fatigué par de continuels revers, demande la paix. A Sudras, possession hollan-
daise, s'ouvre une conférence pour arrêter les
clauses d'un traité. Tout d'un coup, Dupleix
rompt les négociations. D'où vient ce brusque
revirement dans ses idées ? Pourquoi s'apprête-
t-il à reprendre les hostilités ?... Les victoires de
Bussy viennent de retremper son courage et de
lui communiquer une nouvelle audace.

Que se passe-t-il, en effet, dans le Dékan,
pendant que les armées françaises échouent avec
une ponctuelle régularité devant les collines et
les murailles du Tritchinapoli ? Bussy a rempli
au-delà de toute attente la délicate mission que
lui a confiée Dupleix. Bussy, avec une petite
troupe, s'installe à Aurengabad, à côté de Salabat-Jung. Sans avoir l'air de le dominer, sans

participer en apparence aux affaires, il surveille
le soubadhar, il inspire et contrôle ses moindres
décisions, en un mot il est le vrai maître. Il
apprend aux Anglais comment on s'immisce à la
politique d'un État sans paraître y toucher. Les
difficultés semblent insurmontables ; il les ren-
verse par son sang-froid et son habileté. Les
Français sont menacés à chaque instant d'être
massacrés par une conspiration : l'ascendant de
Bussy condamne les meneurs à l'inaction. Les
Mahrattes, le Grand-Mogol refusent de reconnaître Salabat-Jung et proclament son frère
Ghadzi-oud-don. Bussy n'hésite pas à marcher
au devant des Mahrattes. Il pénètre dans leur
pays ; il les presse, il les culbute, il les écrase à
Sounah (1752).

A peine vient-il d'échapper au danger de la
révolte et de l'invasion que la maladie s'abat
sur lui, met sa vie en péril et le force à prendre
un indispensable repos, au bord de la mer, à
Mazulipatam, loin du soubadhar et de sa cour

(1753). La fièvre le ronge ; il est cloué sur son lit de douleur et, pendant ce temps, dans l'entourage de Salabat, un complot se trame contre les troupes françaises en garnison dans le Dékan. On veut s'en débarrasser ; on a l'intention de les massacrer ; mais comment s'y prendre ? L'on n'ignore pas que, malgré leur petit nombre, elles donneront fort à faire aux assaillants. Pour venir à bout de cette poignée de braves, il faut les disperser, les isoler, les disséminer sur divers points de l'immense empire de Salabat. Et déjà les soldats de la Compagnie sont conduits par groupes, et s'éparpillent en tous sens, quand Bussy, comme le *deus ex machinâ*, tombe au milieu du complot, chef d'œuvre de la perfidie orientale. Il est au courant de la situation; Dupleix l'a informé du danger. Il déconcerte les ennemis par sa brusque arrivée, concentre ses troupes à Hayderabad, court à Aurengabad, produit l'effet d'un coup de foudre sur les conseillers de Salabat et arrache au soubadhar la concession du territoire appelé les *Cicars du Nord*. La France, ajoutant sa nouvelle possession aux colonies déjà obtenues et occupées, dominait sur un territoire ininterrompu de 200 lieues de côte sur une profondeur de 25 à 30 lieues.

L'on comprend que de pareilles nouvelles aient relevé le cœur de Dupleix. Les revers du Karnatic s'effaçaient devant les victoires du Dé- kan. Aussi ne voulut-il plus de la paix et fit-il appel aux armes avec un indomptable acharne- ment. Tritchinapoli fut de nouveau bloqué. Français et cipayes cernèrent la place avec une énergique obstination. Dupleix était sur le point de la voir tomber en son pouvoir, enfin ! A l'ho- rizon de Pondichéry apparaissaient les navires que chaque année la Compagnie expédiait au Direc- teur. C'était, sans doute, des renforts qui arri- rivaient. Ils allaient coopérer au siège ; ils al- laient avoir l'honneur d'emporter l'héroïque forteresse. Dupleix marche vers un triomphe assuré. Sa conception gigantesque se réalise :

l'Inde appartiendra à la France dans un prochain
avenir. Et voilà que son ambition et son génie
vont tomber de ce haut faîte d'espérances et d'e-
nivrement ! Les navires de la Compagnie, loin
de débarquer des auxiliaires, vomissent des ennemis qui sont pourtant des Français. Devant
l'autorité supérieure de la Compagnie et du roi
unis contre son patriotisme, Dupleix sera contraint d'abdiquer ses magnifiques projets et de
s'arracher avec des larmes aux entrailles de
l'Inde !

CHAPITRE VII

Dupleix est dépouillé de ses fonctions. — Il s'embarque
pour la France.

Dupleix, quand les vaisseaux de la Compagnie
sont entrés dans le port, peut supposer, sans
s'attendre à un mécompte, qu'ils n'enferment
que des amis. Qui commande, en effet, le personnel et les soldats ? C'est l'ancien protégé de
Dupleix, ce Godeheu à qui jadis il a prodigué
ses services. De plus, Dupleix a reçu une lettre
datée de Bourbon et où Godeheu lui fait les plus
belles protestations de dévoûment. Aussi Dupleix, charmé du procédé, s'apprête-t-il à ac-

cueillir de son mieux un homme aussi plein de reconnaissance. Il désirerait qu'il débarquât sans tarder pour ne pas ralentir l'effusion de leur vieille amitié. Il s'étonne bien un peu de le voir attendre, pour descendre à terre, qu'une confortable demeure lui soit préparée. Godeheu exige un auguste cérémonial pour sa réception. Il débarque enfin au milieu d'un déploiement de troupes considérable. Dupleix accourt au devant de lui, plein de confiance et d'abandon. Godeheu l'appelle à l'écart, lui apprend avec une dédaigneuse et tranchante hauteur qu'il est son successeur. Il lui ordonne de partir au plus tôt pour la France, lui et les siens. Godeheu craint une résistance ; il sait Dupleix aimé des Français et des indigènes : aussi l'a-t-il abordé avec une escorte de 2000 Européens. Mais les appréhensions de Godeheu sont bien inutiles ; l'appareil militaire déployé par la mission n'a pas sa raison d'être. Dupleix, malgré l'impétuosité de son génie, malgré sa sublime confiance

7

en lui-même, sans un mouvement de dépit, sans
aucun murmure, accepte sa disgrâce. Le Conseil
est réuni. Godeheu, lentement, d'une voix sèche,
donne lecture des ordres qu'il a reçus. Un silence profond, glacial, les accueille. Dupleix,
seul, le rompt. Assis à la droite de Godeheu, il
se dresse et pousse d'une voix forte le cri de
« Vive le Roi ! ». L'assemblée, où il ne compte
que des amis, qui est prête à soutenir une rébel-
lion, répète comme un écho la parole résignée
du maître. La soumission de Dupleix est sublime,
mais, après avoir consommé son sacrifice, Dupleix n'a plus qu'à quitter l'Inde.

Mais d'où venait l'arrêt insensé qui le frappait
au milieu de la victoire? Le coup était parti de
La Bourdonnais et de l'Angleterre. Leur haine
conjurée n'avait eu qu'à éclater pour entraîner
l'impéritie de Louis XV, prête à tous les dés-
honneurs. Comment Dupleix n'aurait-il pas été
brisé puisqu'il rendait d'éminents services à sa
patrie ? Comment ne l'aurait-on pas immolé

puisque les ennemis de la France se joignaient
à son ennemi personnel pour l'accabler ?

Le gouvernement de l'Angleterre s'était ému,
en effet, à la nouvelle des progrès accomplis
par la politique de Dupleix dans l'Inde. L'Angleterre perdait chaque jour du terrain, et chaque
jour, grâce au génie d'un homme, les possessions de la France s'agrandissaient menaçantes.
Il fallait enrayer les envahissements de Dupleix.
La Compagnie des Indes réclama l'intervention
diplomatique des ministres anglais auprès du
cabinet de Versailles. Louis XV et son Conseil
n'eurent aucune peine à communiquer leur facile terreur à une Compagnie pusillanime qui,
victorieuse, tremblait devant l'Angleterre vain-
cue. Dupleix fut blâmé, réprimandé ; les Directeurs de Paris essayèrent de retenir son élan :
« De quel droit, lui écrivait-on, vous opposez-
vous aux indigènes, s'il leur plaît d'appeler les
Anglais ? Ne vaut-il pas mieux pour les Européens s'entendre, s'aider réciproquement, ne

jamais entrer dans les querelles des nababs ? »
La Compagnie française était atteinte d'une mo-
nomanie nouvelle, celle de la paix. Et ce diable
de gouverneur allait tout embrouiller ! Dupleix
n'avait pas à faire des conquêtes, mais des affaires ; son rôle n'était pas celui d'un général,
mais d'un marchand. Des Mémoires couraient
dans le public. On n'y parlait que de paix universelle et de désarmement général. Dupleix
connaissait ses Directeurs de longue date : ils les
savait lents et hésitants ; il espérait les gagner à
ses idées, après en avoir assuré le triomphe.
Mais il lui échappa que l'Angleterre eût fait entendre sa voix. Aussi continua-t-il à poursuivre
résolûment l'exécution de ses projets et obtint-il
les honneurs d'une noble révocation.

La Bourdonnais n'avait pas peu contribué
aussi à la disgrâce d'un rival. Il était parti pour
se justifier en France. Les Anglais, pendant le
trajet, s'emparèrent de sa personne, et à Londres, l'entourèrent de respect et de considéra-

tic n. De retour à Paris, il gémit pendant deux ans et deux mois à la Bastille, soumis au plus rigoureux secret. Cependant, l'opinion publique s'intéressait à lui. On le plaignait; on s'apitoyait sur son compte, parce qu'il était malheureux. Nul ne connaissait sa trahison. La Bourdonnais mit habilement à profit les sentiments de la foule. Il trouva moyen d'écrire ses Mémoires sur des mouchoirs trempés dans l'eau de riz. Pour encre, il avait du marc de café ; comme plume, une pièce de six liards roulée et fendue. Le moyen de ne pas proclamer l'innocence d'un homme qui se défendait par de si romanesques procédés ! Au bout de trois ans, un jugement solennel l'acquitte. Mais la prison a miné sa santé : il meurt le 9 septembre 1753. Sa mort lui donne un titre de plus à la commisération publique. Dupleix, loin de la France, ne pouvait éclairer l'opinion. Il fut chargé de malédictions; il passa, aux yeux de la France abusée, pour un calomniateur. Perdu dans l'esprit de la Compa-

gnie et du roi parce qu'il déplaisait à l'Angleterre, perdu dans l'esprit des Parisiens, parce
qu'il n'avait pu se disculper auprès d'eux des
accusations lancées par La Bourdonnais, Dupleix,
forcément, devait disparaître de la scène politique.

Avant de s'embarquer, il supplia Godeheu dé-
sespérément de ne pas renoncer à son œuvre.
Il fit appel à son patriotisme, à son ambition,
mais en vain. Il lui montra la chute imminente
de Tritchinapoli ; il lui conseilla de mener des
renforts contre la place. Godeheu, en réponse à
sa demande, retira les anciennes troupes et re-
nonça au siège. Un avis de Dupleix ne pouvait
qu'être mal accueilli par la haine aveugle de
Godeheu.

Dupleix avait fourni 13 millions de subsides
pour payer les frais de la guerre : il avait en-
gagé sa fortune personnelle et son crédit. La
Compagnie pouvait le priver de ses fonctions,
mais elle devait à tout le moins lui restituer ses
avances. Godeheu, par un coup d'arbitraire au-

torité, refusa simplement de reconnaître les créances de Dupleix. Le gouverneur des Indes françaises, après avoir acquis, par un travail honnête et persistant, une fortune considérable, revint dans sa patrie, dépouillé de tous ses biens par d'odieux ennemis.

Après le départ du malheureux grand homme, que deviennent les possessions françaises ? Godeheu avait pour mission spéciale de reprendre les négociations rompues par Dupleix et de conclure la paix. La paix, telle que l'entendaient les Directeurs, n'exigeait pas de bien longues entrevues et de sérieux débats entre les négociateurs. La France cédait tout et ne demandait rien. L'ennemi le plus ambitieux et le plus querelleur n'avait certes aucune réclamation à élever. Godeheu s'abouche rapidement avec Saunders, le gouverneur anglais qui avait soutenu la lutte contre Dupleix. D'un trait de plume, sans sourciller, Godeheu efface toutes les conquêtes de son glorieux prédécesseur et abolit son œuvre tout entière. La France monarchique, par l'intermédiaire de son trop fidèle agent, sacrifie le Karnatic, abandonne le Dékan, renonce à tout rapport avec les princes indigènes, met sur un pied de parfaite égalité les colonies des deux Compagnies. Godeheu pouvait se vanter d'avoir bien rempli sa tâche, il repartit bientôt après.

Fût-il resté dans l'Inde, qu'aurait-il pu ajouter à notre honte ? N'avait-il pas contraint les vainqueurs à s'incliner devant les vaincus ? L'Angleterre restait maîtresse de Madras, de Devicotah et du fort Saint-David, elle recouvrait toutes ses villes perdues. La France, rentrant dans ses premières possessions devenait plus faible que sa rivale : il ne lui restait que Pondichéry et Karikal. L'Angleterre pouvait se réjouir de ses défaites, plus utiles mille fois que des victoires : elles entraînaient la déchéance de notre empire colonial dans l'Inde. La France avait consommé son holocauste et jamais, comme l'a dit un colonel anglais avec une apparente bonhomie sous laquelle perce la raillerie la plus méprisante, «jamais nation n'avai' fait d'aussi grands sacrifices à l'amour de l: paix que les Français, en cctte circonstance.» (1)

« En méditant sur cet ignominieux et vrai-
« ment incroyable traité de 1754, on se demande
« ce qu'il fût advenu de l'Inde, si Dupleix,
« renonçant à sa qualité d'agent de la Compa-
« gnie,... se fût maintenu de son chef dans les
« États dont l'investiture lui avait été donnée
« par le soubadhar comme prix de services ren-
« dus et dans lesquels il avait été confirmé par
« le Grand-Mogol. Rien ne manquait à la légi-
« mité du pouvoir qu'il eût retenu, la conces-
« sion des intéressés, la renonciation de la
« Compagnie, et sans doute il eût pu compter
« sur l'alliance de l'empire mogol trop heureux,
« en de semblables conjonctures, de voir indis-

1. Alex. Bonneau. (*Biographie universelle*).

« solublement lié à ses intérêts un homme, un
« Européen de ce caractère et de ce génie. La
« générosité de Dupleix n'eût pas tardé à faire
« profiter la Compagnie de cette espèce de ré-
« volte contre ses folies ; car cette paix qu'elle
« venait de signer n'était point une paix, mais
« une guerre inévitable et prochaine, et plus
« désavantageuse que jamais. Toutefois le dé-
« sintéressement et le patriotisme de Dupleix
« lui inspirèrent une conduite plus magnanime.
« Il crut devoir revenir en Europe se mettre,
« lui désarmé, à la merci de ses ennemis tout
« puissants et de ses créanciers ruinés comme
« lui et par lui. » (1)

Il s'éloigna de l'Inde le 14 octobre 1754,
chassé de sa nouvelle patrie ! Il avait l'énergique conviction que le roi lui rendrait justice et
qu'il partait pour confondre ses ennemis.

1. De Jancigny et Xavier Raymond (*l'Inde*).

CHAPITRE VIII

Procès, misère et mort de Dupleix (1763).

Le conquérant de l'Inde ne rencontre d'abord, à son retour sur la terre natale, que sympathie et enthousiasme. Les populations, sur la route de Lorient à Paris, l'acclament et lui décernent un véritable triomphe. A sa vue, toute défiance se dissipa ; on oublia La Bourdonnais ; on ne se souvint que des villes prises, que des exploits accomplis par le brillant gouverneur. Enfin, l'on pouvait contempler les traits de l'homme fameux qui avait soumis à la France des millions de

sujets et englobé dans les possessions de la
Compagnie d'immenses territoires, plus grands
que des États d'Europe. Et l'on se pressait pour
l'accueillir, et on lui faisait une réception digne
de son génie et de son œuvre. Dupleix n'en re-
venait pas. Sa modestie s'effarouchait devant
tant de protestations et de bruit. Une de ses
lettres renferme la vive expression de son étonnement : « Croiriez-vous, écrit-il, que, sur la
« route de Lorient à Paris, j'étais obligé de
« fermer les stores de ma chaise de poste pour
« pouvoir m'échapper de la foule ? De tous les
« endroits où nous changions de chevaux, j'en-
« tendais des propos qui auraient lieu de frapper
« les plus présomptueux, mais dont, grâce à
« Dieu, je me suis garanti autant qu'il a dépendu
« de moi. » La cour imita le peuple. On s'engoua
de Dupleix ; on l'accabla de flatteries. Jeanne
eut sa part d'éloges : Madame de Pompadour
daigna la recevoir, et lui fit force compliments.

Mais Dupleix n'était pas venu à Paris pour faire

provision de fleurs et d'épithètes laudatives ; il entendait rentrer dans ses débours et obtenir justice. Il présenta ses comptes au gouvernement. Aussitôt, on cessa de lui sourire ; on lui fit mauvaise mine. Les créances furent contestées sous le fallacieux prétexte que Godeheu ne les avait pas reconnues. On s'appuyait sur un passe-droit pour repousser une juste réclamation et pour donner un nouveau démenti à l'honnêteté.

N'obtenant rien des Directeurs, traqué par ses créanciers, Dupleix entame un procès. Le roi l'évoque devant lui : la cause présentait un caractère politique. Peu à peu, le vide se fait autour du grand homme. Bussy renonce à épouser sa belle-fille pour des motifs d'intérêt. Puis, la mort le frappe dans sa plus chère affection. Madame Dupleix, ruinée par les souffrances morales, désespérée, atteinte par les rigueurs du climat, meurt en novembre 1756. Dupleix perdait l'héroïque compagne des bons et des mauvais jours, le noble cœur qui l'avait poussé aux actions glorieuses. Elle ne cessa de l'aider au sein même de l'agonie : « Dans les papiers con-« servés par la famille Dupleix se trouve une « lettre écrite au Contrôleur général par cette « noble femme, quelques jours avant sa mort. « et alors qu'elle se savait aux portes du tom-« beau. Jamais plume de femme ne traça un « plus touchant appel en faveur du droit. Avec « les accents pénétrants d'une voix de l'autre « monde, elle le conjure de son lit de mourante « de lui laisser emporter avec elle la consola-« tion de savoir que justice sera faite à son » époux » (1).

Naturellement justice ne sera pas faite. Il s'a-gissait d'une restitution et la Compagnie des Indes françaises avait trop besoin d'argent pour payer ses dettes. Ni les tracasseries, ni les pour-suites, ni les calomnies de ses ennemis ne dé-couragèrent Dupleix. Il se défendit avec une opiniâtre énergie. Pendant neuf années il lutta

(1) Octave Sachot. *La France et l'Empire des Indes.*

et n'obtint comme résultat que la misère (1). A
la fin de 1758 il s'était remarié. Cette nouvelle
union lui procura des soins et de la tendresse,
mais ne fit que rendre plus lourde la pauvreté.
Il ne put résister à ses maux : « J'ai sacrifié,
écrivait-il quelques jours avant sa mort, ma
jeunesse, ma fortune, ma vie, pour enrichir ma
nation en Asie. D'infortunés amis, de trop faibles
parents consacrèrent leurs biens aux succès de
mes projets. Ils sont maintenant dans la misère
et le besoin. Je me suis soumis à toutes les
formes judiciaires, j'ai demandé, comme le dernier des créanciers, ce qui m'est dû. Mes services
sont traités de fable! Ma demande est dénoncée
comme ridicule : Je suis traité comme l'être le

(1) Après vingt ans de soins et de travaux, M. Dupleix
de Buquencourt, conseiller d'État, et neveu de Dupleix,
obtint la liquidation d'une partie de ce qui était dû à la
succession. La marquise de Valory, fille et seule héri-
tière de ce grand homme, commençait donc à jouir d'une
fortune encore assez considérable, lorsqu'elle en fut
privée par les suites de la Révolution. (Note de Lefèvre.)
(*Eloge de Dupleix*) (1818).

plus vil du genre humain. Je suis dans la plus déplorable indigence. La petite propriété qui me restait vient d'être saisie. Je suis contraint de demander une sentence de délai pour éviter d'être traîné en prison » (1). Et pour que son cœur fût brisé, pour qu'il éprouvât encore une sanglante douleur, il apprenait avant de descendre dans la tombe que l'Inde était arrachée à la France, que Pondichéry était livrée aux Anglais, qu'enfin son beau rêve de conquête achevait de s'évanouir à jamais. Le coup était trop violent pour qu'il le supportât : il en mourut, le 11 novembre 1763. Par une dernière et cruelle ironie du sort il s'éteignit dans une petite maison de la rue Neuve des Capucines, attenante au palais de la Compagnie. Il mourut oublié ; la foule ne se rappelait plus son nom ; c'est à peine si quelques gazettes mentionnèrent son décès et si quelques amis lui accordèrent le tribut de leurs larmes et de leurs regrets.

1. Lettre citée dans le même ouvrage.

CONCLUSION.

Si l'on se demande comment cet homme à l'âme élevée, a pu, malgré l'irrésistible fougue de son génie, de son ambition et de son patriotisme, succomber dans la lutte qu'il avait provoquée, on trouvera l'explication facile de sa chûte dans la connaissance de l'époque au sein de laquelle le hasard de la naissance l'avait jeté. Il poursuivait un but, et ses contemporains vivaient au jour le jour, sans souci du lendemain, prêts à répéter en chœur le fameux « après moi le déluge ». Il avait une volonté, et les caractères, énervés et affaiblis par une direction

8

amollissante, avaient perdu toute vigueur et
toute saine âpreté. Dupleix eut le tort et le sin-
gulier honneur de porter ses regards plus haut
et plus loin que les hommes de son temps. Il se
crut soutenu au début, il s'imagina que le gouvernement et le pays à défaut de la Compagnie
applaudissaient à ses efforts et il ne s'aperçut
pas que les seuls succès dont on le félicitât c'é-
taient ses succès d'argent. Et il alla toujours de
l'avant, fort de son idée, mais quand il fut sur le
point de frapper le coup décisif, son bras fut
violemment arrêté et retomba inerte et impuis-
sant. Il dut avoir alors un réveil terrible. Au
moment où la voix de Godeheu résonna à ses
oreilles, il entrevit la vérité et il lui fut donné
de mesurer l'abîme dont les profondeurs le sé-
paraient de ses compatriotes. Atteint dans sa
fortune et dans son patriotisme, obligé d'assister
vivant, comme jadis le grand Colbert, à la ruine
de son œuvre, il mourut dans la tristesse et le
désespoir.

Et maintenant quelle conclusion faut-il tirer de ses espérances, de ses angoisses et de sa disgrâce ? Devons-nous le plaindre, ou plutôt ne devons-nous pas l'envier, malgré ses infortunes? N'est-il pas beau en effet le sort de l'homme dont la souffrance a eu pour cause le génie et qui est tombé martyr du courage et de l'honneur ? La gloire efface les larmes de ses élus. Il n'en est pas moins vrai que les contemporains de tels hommes se doivent à eux-mêmes de les soutenir et de les honorer de leur vivant. Rendre hommage à leur initiative pendant qu'ils peuvent jouir des louanges et des couronnes, c'est s'interdire sûrement de tardifs et inutiles regrets. Petits et grands, particuliers et hommes publics, soyons reconnaissants envers ceux qui rendent présentement service au pays : nous provoquerons sans cesse de nouveaux dévoûments et nous encouragerons par nos hommages les esprits d'élite à sortir d'un funeste efface-ment. Quand on saura bien qu'il n'est pas nécessaire d'être une victime pour être un homme supérieur, bien des chercheurs échapperont à l'ombre et à l'humilité où la défiance les emprisonnait, et produiront leurs idées au grand jour de l'opinion et de la faveur publique. Certes, tous n'auront pas du génie, mais quelques-uns feront preuve de talent et d'originale initiative et la patrie en bénificiera.

Soyons donc pleins de bienveillance pour l'élite qui travaille et qui lutte. Dupleix compte de nombreux successeurs au XIXe siècle. A l'est de l'Inde s'étend l'immense Indo-Chine que ses émules veulent nous donner. A l'heure actuelle le grand négociant Dupuy, le docteur Harmand, le commandant Rivière établissent sur les rives du Mékong et du Sang-Koï l'influence française; eh bien, ne traitons pas leurs efforts de folie, ne taxons pas nos serviteurs d'ambitieux, par une coupable indifférence ne faisons pas naitre l'accablement dans leur cœur, surtout ne forçons pas la fortune, grâce à nos mépris, à nous abandonner et à offrir à des rivaux plus adroits ses mobiles faveurs. Soyons avec les pionniers de la colonisation française, malgré la distance. Il faut que lorsqu'ils s'appliquent, là-bas, à nous ouvrir un monde, ils sachent que, sur la terre de la patrie, on pense à eux, on se réjouit de leurs succès, on les comprend et on les chérit.

Il y a quelques années à peine, Francis Garnier le héros qui est tombé sous les lances des Pavillons noirs à Hanoï, se voyant sans appui, abandonné, s'écriait dans un accès de découragement : « Quel malheur que je ne sois pas An- « glais. Je serais un homme honoré et puissant ! « Le malheur veut que je ne puisse me résoudre « à n'être plus Français. » De tels mots sont durs dans la bouche d'un brave et d'un patriote: mais heureusement pour nous ils commencent à n'être plus mérités. La France a enfin saisi l'importance de la question coloniale : elle accueille avec sympathie et reconnaissance les explorateurs revenus sur le sol natal. Elle sent bien

enfin, qu'en attendant l'heure où elle pourra re-
couvrer sa puissance sur le continent, la fortune
et la gloire sont dans les lointaines entreprises
et dans les pacifiques conquêtes du commerce et
de la civilisation.

APPENDICE

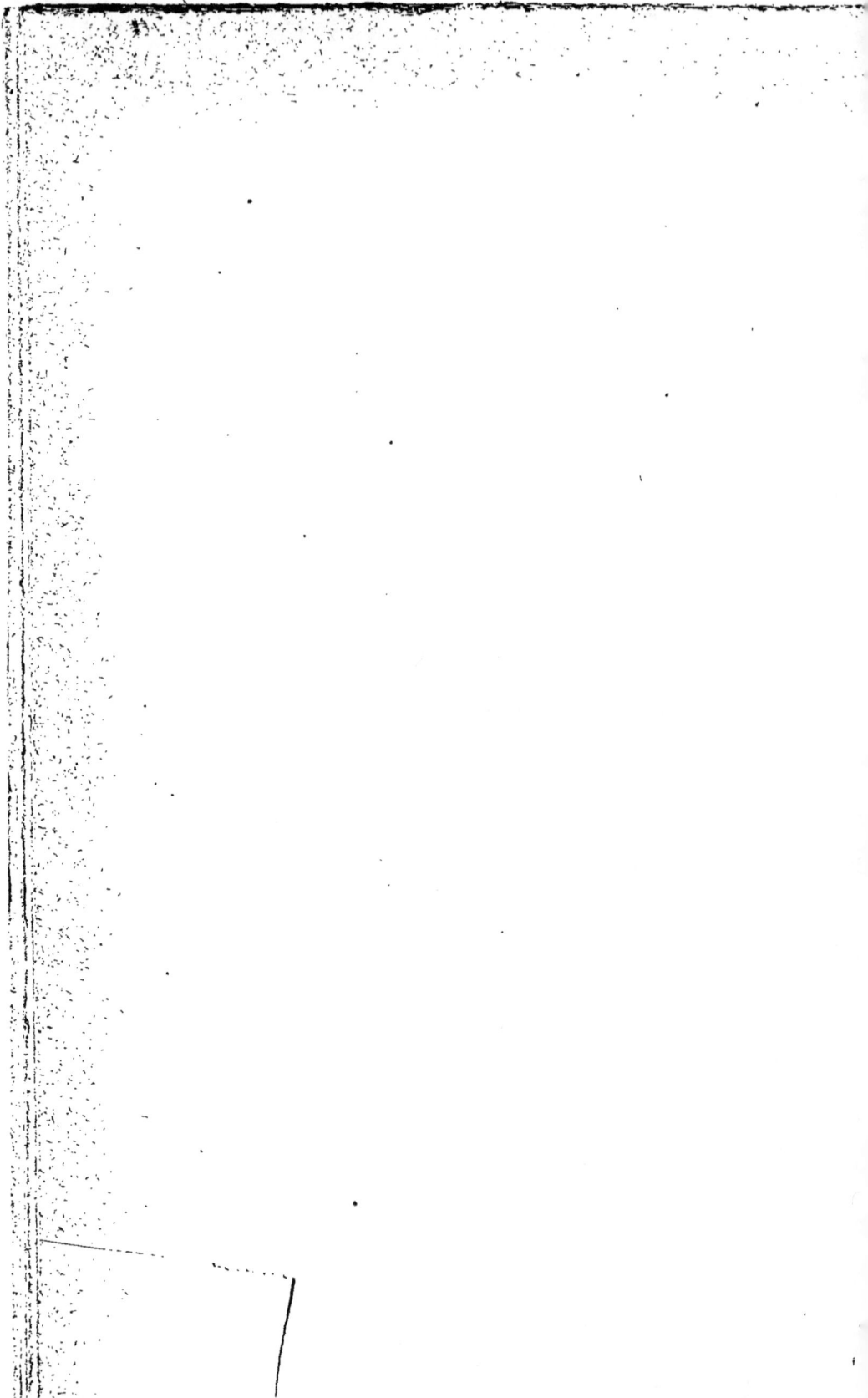

APPENDICE AU CHAPITRE IV

Extraits de quelques lettres échangées entre Dupleix et
La Bourdonnais au sujet de Madras. (1)

Dupleix a signé son traité avec Anaverdikan.
La Bourdonnais, malgré l'engagement pris par
son chef, veut livrer la place de Madras aux Anglais. Dupleix, ému du danger, lui écrit :

« Vous avez vu l'an dernier un ordre du roi
pour que les capitaines de vaisseau eussent à
suivre les vôtres ; mais cet ordre ne change rien
à celui prescrit de tout temps, qui veut que tous

1. Tibulle Bianne. *Dupleix d'après sa correspondance
inédite.* Papin.

les commandants des vaisseaux de la Compagnie soient sous l'autorité du commandant de l'Inde et du Conseil supérieur. Nous vous avons laissé libre touchant votre escadre.

..... « Je sens l'inutilité des représentations que j'ai eu l'honnenr de vous faire ; mon devoir m'y oblige et ce n'est que dans cette vue que je vous les présente. Cependant mon e x périence de l'Inde, le temps que j'ai eu l'honneur d'y con- duire les principes des affaires, la confiance du roi,du ministre, de la Compagnie, devraient avoir plus d'égards que vous ne le marquez. »

Ailleurs, Dupleix est plus pressant. Il fait ap- pel aux sentiments dans le cœur de son adver- saire :

« Au nom de Dieu, au nom de vos enfants, au nom de votre femme, laissez-vous persuader ; fi- nissez comme vous avez commencé, et ne ména- gez pas un ennemi dont l'unique but est de vous réduire à la dernière extrémité. La Providence nous a servis mieux que lui ; profitons-en pour la gloire de notre monarque et le bien d'une nation qui vous regardera comme son restaurateur dans l'Inde . Fasse le Ciel que je puisse vous persuader d'annuler un traité funeste. »

La Bourdonnais persiste dans sa coupable intention. Voici ses réponses aux instances de Dupleix.

« Le sort de Madras est jeté : que j'aie tort ou raison, je me suis cru en droit d'accorder une capitulation au gouverneur. Je serais le premier militaire qui n'eût pas le pouvoir de faire des conditions à ceux qui ont défendu les murs dont il se rend maître... Dussé-je le payer de ma tête, je ne sais pas me dédire... Je vous prie de ne pas me barrer davantage. »

Il ne s'arrêta pas là. Il se mit avec évidence au dessus des lois. Il rejeta toute autorité en ces termes :

« Que j'aie été en droit ou non de capituler, c'est ce qui ne regarde ni vous ni votre Conseil. Personne ne commande ici que le roi dont je porte les ordres. J'irai lui rendre compte de ma conduite et lui porter ma tête... Personne ne m'aurait fait venir dans l'Inde pour y être subordonné. »

En réponse à ces accès de vanité blessée et d'odieuse arrogance, les lettres de Dupleix sont toujours calmes, fermes, empreintes de patriotisme. La colère et les menaces de La Bourdonnais ne l'émeuvent guère :

« Non; Monsieur, je ne puis rien changer aux ordres que le Conseil supérieur a donnés avec connaissance de cause. Les troupes de Pondichéry ne suivront pas vos ordres lorsqu'il faudra évacuer Madras. » Il a la conviction que La Bourdonnais porte tort aux intérêts français.

« Je conseillerai à mon frère de manquer à sa parole quand elle peut faire tort à un Turc, quand elle est avantageuse à l'ennemi et aussi désavantageuse à la Compagnie et à la nation. Oui, Monsieur, on n'est pas obligé de la tenir, et quiconque vous dit que vous le devez vous trompe et s'en dédira. Je connais les hommes. »

Comme on le voit, La Bourdonnais écrit en homme dont l'amour-propre est froissé. Dupleix, fait abstraction de sa personne et ne poursuit qu'un idéal: l'accroissement et la gloire de sa patrie.

TABLE DES MATIÈRES

3232. — ABBEVILLE. — TYP. ET STÉR. A. RETAUX.